AF287118

Richard Deiß

Plattenbau-Proust und Detroit-Dickens

Schriftstellerbeinamen und Buchfakten, welche Ihnen gerade noch gefehlt haben

Herstellung und Verlag: BoD - Books on Demand, Norderstedt

Mitarbeit: Wolfgang Heinrich (Etzbach)

Siebte Auflage, Originalausgabe

Printed in Germany

Der Inhalt dieses Buches entspricht der Privatmeinung des Autors.

ISBN   978-3-848-2513-46

Bibliografische Information der Deutschen Nationalbibliothek

Die Deutsche Nationalbibliothek verzeichnet diese Publikation in der Deutschen Nationalbibliografie; detaillierte bibliografische Daten sind im Internet über http://dnb.d-nb.de abrufbar.

Inhalt

Vorwort

Dieses Büchlein schließt eine Lücke, was die Auflistung von Schriftstellerbeinamen betrifft. Über 100 vergleichende Beinamen (Antonomasien) von Schriftstellern, und zusätzlich etwa 100 andere Beinamen von Schriftstellern, Büchern und Verlegern sind in diesem Bändchen in Tabellen zusammengestellt und teilweise im Text kurz erörtert. In der siebten Auflage (März 2020) wurde Victor Hugo aufgenommen und seine Beinamen auf einer Seite dargestellt sowie verschiedene Listen um insgesamt 10 Bezeichnungen erweitert.

Diese Beinamensammlung wird durch Zitatlisten, Buchwitze, Sketche zu Büchern, mögliche Buchkritiken und durch andere Listen ergänzt, so dass sich 10 Kapitel mit jeweils über 100 Elementen ergeben (davon ein Kapitel mit zweimal 100 Elementen). Insgesamt sind also über 1000 buchbezogene Dinge auf 136 Seiten aufgezählt.

Ich hoffe, die Zusammenstellung in diesem kleinen Bändchen ist für alle, die sich für Literatur interessieren, als kleines Nachschlagewerk auch ohne viel Text nützlich und im Zitate- und Witzeteil auch unterhaltsam.
Anregungen und Hinweise auf weitere Beinamen sind jederzeit willkommen. Wolfgang Heinrich (Etzbach) und Jörg Berkes (Langen) möchte ich für Korrekturhinweise danken.

Eine Neuauflage ist geplant.

Berlin, im März 2020
Richard Deiß

1. 100 Schriftstellerantonomasien (Beinamen)

In diesem Kapitel werden auf jeweils einer Seite Schriftsteller aufgeführt, welche Beinamengeber für mindestens zwei andere Schriftsteller sind. Beinamengeber, welche seltener auftreten, finden sich in den Tabellen des zweiten Kapitels.
Inzwischen sind es mittlerweile deutlich mehr als 100.

Die häufigsten Beinamengeber sind Shakespeare als Inbegriff eines Dichters und Kafka als Beinamengeber für Autoren mit ähnlich außergewöhnlichem, absurddüsterem Erzählstil. Auch Goethe und Voltaire dienen, zumindest im deutschen Sprachraum, häufiger als Vergleichsgrundlage.

Schriftsteller	Gefundene Vergleiche
Shakespeare	14
Kafka	12
Goethe	11
Voltaire	10
Dostojewski	8
Proust	7
Hemingway	7
Zola	6
Rimbaud	6
Homer	5

William Shakespeare (1564-1616)

Schriftsteller	Leben	Beiname
Kalidasa	5. Jahrh.	*Indischer Shakespeare*
Guan Hanqing	1225-1302	*Chinesischer Shakespeare*
Lope de Vega	1562-1635	*Spanischer Shakespeare*
P. C. Hooft	1581-1647	*Holländischer Shakespeare*
Chikamatsu	1653-1725	*Japanischer Shakespeare*
Cao Xueqin	1715-1763	*Chinesischer Shakespeare*
J. W. von Goethe	1749-1832	*Deutscher Shakespeare*
Alexander Ostrovsky	1823-1886	*Russischer Shakespeare*
Gottfried Keller	1819-1890	*Shakespeare der Novelle*
Leo Tolstoi	1828-1910	*Shakespeare des 19. Jahrh.*
John B. Priestley	1894-1984	*Shakespeare des kl. Mannes*
William Faulkner	1897-1962	*American Shakespeare* *Shakespeare of Modernism*
Martin Walser	*1927	*Shakespeare des Prosastücks*
Thomas Pynchon	*1937	*Shakespeare der Popkultur*

To be or not to be: that is the question (Hamlet)

William Shakespeare ist der weltweit wohl berühmteste Dichter und Dramatiker. Allerdings ist sein Leben nicht lückenlos dokumentiert. So gibt es Unklarheit über sein genaues Geburts- und Sterbedatum. Oft wird angenommen, dass er am 23. April 1564 geboren wurde und wie Cervantes am 23. April 1616 starb. Der 23. April gilt deshalb als *Tag des Buches*. Es gibt sogar Spekulationen, dass Shakespeare zugeschriebene Werke gar nicht von diesem selbst verfasst wurden. Dennoch ist Shakespeare

6

der wichtigste Beinamengeber der Literatur und ein Bereicherer auch der deutschen Sprache (*Zahn der Zeit; gut gebrüllt, Löwe; Der Rest ist Schweigen...*).

Shakespeare ist deshalb eine wichtige Referenz, auch für Vossische Antonomasien, also ein wichtiger Schriftsteller-Beinamengeber. Shakespeare selbst wurde auch als der Barde (*the bard*) bezeichnet.

Im Jahr 1611 bekam er einen Beinamen mit Schriftstellerbezug. John Davies widmete ein Gedicht `Unserem Englischen Terenz, Mr. Will Shakespeare´.

Terenz (195 vC-158 vC) war ein wichtiger Komödiendichter der Römischen Antike.

☞: Im Jahre 2000 nahm der schwäbische Kfz-Mechaniker mazedonischer Abstammung Zlato Trpkovski an der ersten deutschen Staffel der Show „Big Brother" teil. In der Show zeigte sich, dass er Shakespeare nicht kannte (er kenne nur Bier). Daraufhin ließ sein Management von einer Brauerei ein Bier mit dem Namen *Shakesbier* brauen, was nach einem halben Jahr wegen geringer Verkaufszahlen allerdings wieder vom Markt genommen wurde.

7

Franz Kafka (1883-1924)

Schriftsteller	Zeit	Beiname
Gustav Meyrink	1868-1932	*Poor man´s Kafka*
Fernando Pessoa	1888-1935	*Kafka Portugals*
Nelly Sachs	1891-1970	*Schwester Kafkas*
Bruno Schulz	1892-1942	*Polnischer Kafka*
Sadegh Hedajat	1903-1951	*Persischer Kafka*
Dino Buzatti	1906-1972	*Italienischer Kafka*
Kobo Abe	1924-1993	*Japanischer Kafka*
Philip K Dick	1928-1982	*Kafka on LSD*
Oguz Atay	1934-1977	*Türkischer Kafka*
Ricardo Piglia	*1941	*Argentinischer Kafka*
Can Xue	*1953	*Chinesischer Kafka*
Goncalo M. Tavares	*1970	*Portugiesischer Kafka*

Das Buch ist die Axt für das gefrorene Meer in uns.
(Franz Kafka)

Der auf Deutsch schreibende Prager Schriftsteller Franz Kafka hat ein unvollendetes Werk hinterlassen. Sein surrealer Stil mit expressionistischen, ironischen Elementen lässt sich schwer zuordnen und ist dennoch sprichwörtlich geworden (`kafkaesk´). Der österreichische Schriftsteller Gustav Meyrink hat wie Kafka zeitweise in Prag gelebt; in Prag spielt auch sein bekanntestes Werk, *der Golem.* Im englischen Sprachraum wird Meyrink den Lesern manchmal als *poor man´s Kafka* nahegebracht (*Kafka des kleinen Mannes*). Der in der heutigen Ukraine geborene, auf Polnisch und metaphernreich schreibende Bruno Schulz (`*Das Sanatorium der Sanduhr´*, `*die Zimtläden´*) wird auch als *polnischer Kafka* bezeichnet.

Johann Wolfgang von Goethe (1749-1832)

Schriftsteller	Zeit	Beiname
P.D.A Atterbom	1790-1855	*Goethe des Nordens*
Adam Mickiewicz	1798-1855	*Polnischer Goethe*
Victor Hugo	1802-1885	*Goethe Frankreichs*
August Strindberg	1849-1912	*Schwedischer Goethe*
Alexander Puschkin	1799-1837	*Goethe Russlands*
France Preseren	1800-1849	*Slowenischer Goethe*
Taras Sewtschenko	1814-1861	*Goethe der Ukraine*
Rainis	1865-1929	*Der lettische Goethe*
Sandor Petöfi	1823-1849	*Goethe Ungarns*
Henrik Ibsen	1828-1906	*Norwegischer Goethe*
Thomas Mann	1875-1955	*Goethe des 20. Jahrh.*

Der Worte sind genug gewechselt,
Laßt mich auch endlich Taten sehn;
Indes ihr Komplimente drechselt,
Kann etwas Nützliches geschehn.
(Faust)

In Deutschland wird der Vergleich mit Goethe manchmal verwandt, um bedeutende Schriftsteller anderer Länder einordnen zu können. Eine ähnliche literarische Bedeutung wie Goethe in Deutschland hat Adam Mickiewicz, der 1829 Goethe in Weimar besuchte und als Nationaldichter Polens gilt. Er setzte sich in seinen Werken für Polens Unabhängigkeit ein, als das Land Teil Russlands war. Er starb an Cholera, als er polnische Truppen für den Krimkrieg gegen Russland sammelte. In den 1820er Jahren traf Mickiewicz bei einem Aufenthalt in Moskau mit dem *Vater der russischen Literatur* Alexander Puschkin, auch *Goethe Russlands* genannt, zusammen.

Voltaire (1694-1778)

Schriftsteller	Zeit	Beiname
Simonides von Keos	557-467 vC	*Griechischer Voltaire*
Francisco de Quevedo	1580-1645	*Spanischer Voltaire*
Ignacy Krasicki	1735-1801	*Polnischer Voltaire*
Johann Pezzl	1756-1823	*Österreichischer Voltaire*
Garlieb H. Merkel	1769-1850	*Livländischer Voltaire*
Christoph Martin Wieland	1733-1813	*Deutscher Voltaire*
Eduard Duwes Dekker (Multatuli)	1820-1887	*Holländischer Voltaire*
Mark Twain	1835-1910	*Amerikanischer Voltaire*
Leonardo Sciascia	1921-1989	*Italienischer Voltaire*
Hirsi Ali	(*1969)	*Die schwarze Voltaire*

Tout est bien, tout va bien, tout va le mieux que soit possible.
(Voltaire´, Candide (1759))

Der französische Autor und Philosoph François Marie Arouet, genannt Voltaire, gilt als Inbegriff eines Schriftstellers der Aufklärung. Voltaire kritisierte die Missstände des Absolutismus und war auch der katholischen Kirche gegenüber kritisch eingestellt. Aufklärerische Autoren aller Epochen werden mit Voltaire verglichen, so der bayerisch-österreichische Aufklärer Johann Pezzl (`Faustin oder das philosophische Jahrhundert´), Christoph Martin Wieland (Teil des Viergestirns von Weimar: Goethe, Schiller, Herder, Wieland)

Fjodor Michailowitsch Dostojewski (1821-1881)

Schriftsteller	Zeit	Beiname
Roberto Arlt	1900-1942	*Argentinischer Dostojewski*
Georges Simenon	1903-1989	*Belgischer Dostojewski*
Oles Uljanenko	1961-2010	*Ukrainischer Dostojewski*
Jaan Kross	1920-2007	*Estnischer Dostojewski*
Osamu Dazai	1909-1948	*Japanischer Dostojewski*
Jim Thompson	1906-1977	*Dimestore Dostojewski*
Alexandros Papadiamantis	1851-1911	*Griechischer Dostojewski*
Knut Hamsun	1859-1952	*Norwegischer Dostojewski*

Die vollständige Freiheit wird erst dann sein, wenn es ganz einerlei sein wird, ob man lebt oder nicht. Das ist das Ziel für alles.

(Die Dämonen).

Dostojewski war einer der wichtigsten russischen Schriftsteller des 19. Jahrhunderts (*der Idiot, die Gebrüder Karamasov, Schuld und Sühne, der Spieler*) und sein Einfluss auf die Weltliteratur reichte bis ins 20. Jahrhundert, vor allem bezüglich expressionistischer und existentialistischer Werke. Autoren wie Nietzsche, Kafka, Hemingway, Faulkner und Gabriel Garcia Marquez sahen sich in ihrer Entwicklung von Dostojewski beeinflusst. Zu den Schriftstellern, die mit Dostojewski verglichen werden, gehören Roberto Arlt (*Die sieben Irren, Das böse Spielzeug*), Georges Simenon (*Maigret*), Knut Hamsun (*Hunger*) und Alexandros Papadiamantis, auch `der Heilige der griechischen Literatur´ genannt. Einen `*deutschen Dostojewski´* gibt es bisher allerdings nicht.

Marcel Proust (1871-1922)

Schriftsteller	Zeit	Beiname
Peter Kurzeck	1943-2013	*Proust der Bundesrepublik*
Martin Walser	*1927	*Proust vom Bodensee*
Javier Marias	*1951	*Spanischer Proust*
Zygmunt Haupt	1907-1975	*Polnischer Proust*
Loize Kovacic	1928-2004	*Slowenischer Proust*
Mircea Cartarescu	*1956	*Proust des Plattenbaus*
Iwan Bunin	1870-1953	*Russischer Proust*

Aber das Glück kann nie kommen. Sind die Umstände endlich gefügig gemacht, so verlegt die Natur den Kampf von außen nach innen und bringt allmählich in unserm Herzen eine Wandlung hervor, so dass es etwas anderes wünscht, als was ihm zuteil werden wird.

(Auf der Suche nach der verlorenen Zeit, Proust).

Der französische Schriftsteller Marcel Proust ist vor allem wegen seines siebenbändigen Hauptwerkes `Auf der Suche nach der verlorenen Zeit´ (1913-1922) bekannt. Die Subjektivität der Wahrnehmung wird dabei anhand des vergeblichen Versuches des Protagonisten, sich an die eigene Kindheit und Jugend zu erinnern, ergründet. Andere Schriftsteller, welche mit Proust verglichen werden, kommen meist nicht an seine Bedeutung heran. In Deutschland werden Peter Kurzeck (`Der Birnbaum gegenüber dem Laden, in dem du dein Brot kaufst´) und Martin Walser (`Ein fliehendes Pferd´) mit Proust verglichen. Auch auf mehrere osteuropäische Schriftsteller wird der Proust-Vergleich angewandt. So nannte der Spiegel den rumänischen Autor Mircea Cartarescu einen *Proust des Plattenbaus.*

Emile Zola (1840-1902)

Schriftsteller	Zeit	Beiname
Camille Lemonnier	1844-1913	Belgischer Zola
Max Kretzer	1854-1941	Deutscher Zola
José Maria Eca de Queiros	1845-1900	Portugiesischer Zola
Emilia Pardo Bazan	1851-1921	Spanischer Zola
Leopoldo Alas Clarin	1852-1901	Spanischer Zola
Frédéric Dard	1921-2000	Zola der Armen

`Les gouvernements suspectent la littérature parce qu'elle est une force qui leur échappe. (Emile Zola)

Der bedeutende französische Romancier Émile Zola galt als Leitfigur des Naturalismus in der Literatur. Die sozialen Probleme der damaligen Zeit fanden in seinen teilweise sozial engagierten Werken Ausdruck. Zu seinen bekanntesten Romanen gehören *Nana* und *Germinal*.

Als Journalist tätig wurde sein mit *J' accuse* betitelter Brief an den Staatspräsidenten Faure in der Dreyfuss-Affäre berühmt. Der mit über 70 Werken sehr produktive Brüsseler Schriftsteller Camille Lemonnier wurde einst auch *belgischer Zola* genannt.

Der Berliner Schriftsteller Max Kretzer (`Deutscher Zola´) las sich nach einem Arbeitsunfall intensiv in die Werke von Dickens und Zola ein. Bald wurde er zu einem frühen Vertreter des Naturalismus in Deutschland, der sich als einer der ersten Themen wie der Arbeiterbewegung, der Industrialisierung und sozialen Missständen zuwandte. Der französische Schriftsteller Frédéric Dard, der unter dem Pseudonym *San-Antonio* fast 200 Kriminalromane schrieb, wurde vom Feuilleton als *Zola des kleinen Mannes* etikettiert.

Ernest Hemingway (1899-1961)

Schriftsteller	Zeit	Beiname
John Steinbeck	1902-1968	*Hemingway des kleinen Mannes*
Robert Ruark	1915-1965	*Poor man´s Hemingway*
Fritz Habeck	1916-1997	*Österreichischer Hemingway*
Yukio Mishima	1925-1970	*Hemingway Japans*
Andrzej Stasiuk	*1960	*Hemingway aus den Besikden*
Sachar Prilepin	*1975	*Junger russischer Hemingway*
Szczepan Twardoch	*1979	*Polnischer Hemingway*

Wenn ein Prosaschriftsteller genug davon versteht, worüber er schreibt, so soll er aussparen, was ihm klar ist. Wenn der Schriftsteller nur aufrichtig genug schreibt, wird der Leser das Ausgelassene genauso stark empfinden, als hätte der Autor es zu Papier gebracht. Ein Eisberg bewegt sich darum so anmutig, da sich nur ein Achtel von ihm über Wasser befindet."
(Ernest Hemingway über das Eisbergmodell)

Das Werk des amerikanischen Schriftstellers, Reporters und Abenteurers Ernest Hemingway ist durch einen klaren, ökonomischen Schreibstil mit kurzen Aussagesätzen gekennzeichnet, manchmal `Faktenstil´ genannt. Dieser stand im Gegensatz zum Schreibstil des amerikanischen Zeitgenossen William Faulkner (1897-1962), auch American Shakespeare bzw. Shakespeare der Moderne genannt.
Hemingway lebte 20 Jahre auf Kuba und wurde dort `Papa´ genannt (was im lokalen spanischen Idiom eher Opa bedeutet). Hemingway war dem Alkohol zugeneigt, sein Selbstmord hing auch mit seinem Alkoholismus zusammen. Das Zitat *Write drunk, edit sober* (schreibe

14

betrunken, korrigiere nüchtern) wird ihm jedoch fälschlicherweise zugeordnet.

Der amerikanische Autor und Kolumnist Robert Ruark wird manchmal als *poor man's Hemingway* (Hemingway des kleinen Mannes) bezeichnet. Als solcher gilt ebenfalls John Steinbeck. Der in Niederösterreich geborene Erzähler Fritz Habeck über-lebte im 2. Weltkrieg die Schlacht von Stalingrad und führte Anfang der 1950er Jahre einen Schriftwechsel mit Hemingway, was zum Beinamen *österreichischer Hemingway* beitrug. Nach der Lektüre des Schlesien-Romans *Drach* verglichen manche den jungen polnischen Autor Szczepan Twardoch mit Hemingway. Andere meinten jedoch, dass Twardoch mit Hemingway nur das Boxen gemein hätte.

☞: Angeblich soll sich Donald Trump in Selbst-überschätzung ebenfalls mit Hemingway verglichen haben. Als Twitter die Obergrenze von 140 auf 280 Zeichen erhöhte, soll Trump gesagt haben: *`It's a good thing, but it's a bit of a shame because somebody said I was the Ernest Hemingway of 140 characters*

Arthur Rimbaud (1854-1891)

Schriftsteller	Zeit	Beiname
W. Chlebnikow	1885-1922	*Der russische Rimbaud*
Georg Trakl	1887-1914	*Österreichischer Rimbaud*
Bob Kaufmann	1925-1986	*Black Rimbaud,* *American Rimbaud*
Rafal Wojacek	1945-1971	*Polnischer Rimbaud*
Eman Lacaba	1948-1976	*Der braune Rimbaud*
Serhij Schadan	*1974	*Rimbaud der Ukraine*

Aussitôt que l'idée du Déluge se fut rassise,
Un lièvre s'arrêta dans les sainfoins et les clochettes
mouvantes et dit sa prière à l'arc-en-ciel à travers la toile
de l'araignée.
Oh! les pierres précieuses qui se cachaient, - les fleurs
qui regardaient déjà.
(Après le déluge, Arthur Rimbaud

André Breton nannte den bereits in jungen Jahren erfolg-
reichen und früh verstorbenen Rimbaud einen *Gott der Jugendlichen.*
Der jung verstorbene expressionistische Dichter Georg
Trakl wird manchmal als *österreichischer Rimb*aud bezeichnet. Auch der russische Futurismus-Dichter Welimir
Chlebnikow starb jung und führte ein ähnlich unbürger-
liches Leben wie Rimbaud, was zu entsprechenden
Vergleichen führte. Der philippinische Dichter Emma-
nuel F. (`Eman´) Lacaba *(1948-1976)* war Krieger und
wurde in jungen Jahren getötet. Seiner Hautfarbe wegen
wurde er der *braune Rimbaud* genannt. Der farbige
Amerikaner Bob Kaufmann gilt dagegen als *schwarzer Rimbaud.*

16

Homer (zweite Hälfte 8. Jahrhundert vor Christus?)

Schriftsteller	Zeit	Beiname
Quintus Ennius	239vC-169 vC	Römischer Homer
Vergil	70vC-21 vC	Der römische Homer
James MacPherson	1736-1796	Homer des Nordens
Elias Lönnrot	1802-1884	Finnlands Homer
Jack Kerouac	1922-1969	Der Homer der Hippster

Ob Homer gelebt hat, weiß keiner; sicher ist nur, dass er blind war.

Dieser Literaturwitz lehrt einen zwei Dinge über Homer: erstens dass er als blind galt, zweitens, dass gar nicht sicher ist, ob es ihn überhaupt gegeben hat.

Man nimmt an, dass er im 8. Jahrhundert vor Christus gelebt hat, wenn es ihn überhaupt gegeben hat. Ein anderer Witz sagt, *Homers Werke wurden von einem unbekannten Dichter gleichen Namens geschrieben.* Homer gilt als Autor von Ilias und Odyssee und damit als der erste Dichter des Abendlandes. Nur wenige Schriftsteller werden mit Homer verglichen. Quintus Ennius bezeichneter sich selbst unbescheiden als römischen Homer. Der 70 vor Christus bei Mantua geborene Vergil gilt auch anderen als *römischer Homer.* Sein Epos *Aeneis* zur Vorgeschichte der Stadt Rom, das zum römischen Nationalepos wurde, verwendet auch Elemente aus Ilias und Odyssee. Der Schotte James MacPherson (`Homer of the North´) wurde einst durch *Fragments of Ancient Poetry*, angeblich gesammelte mündliche Überlieferungen des Werks des gälischen Sängers Ossian, in Wirklichkeit aber von ihm selbst geschrieben, berühmt. Der amerikanische Schriftsteller Jack Kerouac wurde im Nachrichtenmagazin DER SPIEGEL (Ausgabe 5/2011) wegen seines Romans *On the Road* (1957) als *Homer der Hippster* bezeichnet.

17

Stieg Larsson (1954-2004)

Schriftsteller	Zeit	Beiname
Jo Nesbo	*1960	*Norwegischer Stieg Larsson*
Jussi Adler-Olsen	*1950	*Dänischer Stieg Larsson*
Liza Marklund	*1962	*The next/new Stieg Larsson*
Yrsa Sigurdardottir	*1963	*Islands Antwort auf Stieg Larsson*

`Salander was the woman who hated men who hate women´
(The Girl Who Played With Fire, Stieg Larsson)

Der schwedische Journalist und Schriftsteller Stieg Larsson starb 2004 im Alter von nur 50 Jahren an den Folgen eines Herzinfarktes. Nach seinem Tod wurden seine drei Kriminalromane, die Millenium-Trilogie (2005: Verblendung, 2005, 2006: Verdammnis, 2007: Vergebung) veröffentlicht und Larsson dadurch weltberühmt. 15 Millionen Mal wurde die Millennium-Trilogie bisher weltweit verkauft. Seither sucht die Buchindustrie nach einem weiteren Stieg Larssson und verschiedene skandinavische Kriminalautoren werden entsprechend hochgejubelt. Besonders der Däne Jussi Adler-Olsen wird auf dem deutschen Buchmarkt mit kurzen Titeln (*Erbarmen, Schändung, Erlösung, Verachtung*) ähnlich wie Stieg Larsson vermarktet. Der norwegische Kriminalautor Jo Nesbo wird manchmal ebenfalls mit Larsson verglichen, seine Werke (*Der Erlöser, Schneemann, Leopard*) haben auch im norwegischen Original kurze Titel. Nicht ganz so bekannt und erfolgreich wie Larsson ist die schwedische Krimiautorin Liza Marklund, hochgreifend bereits als the *next Stieg Larsson* bezeichnet. Noch kleiner sind die Auflagen der isländischen Kinderbuch- und Kriminalautorin Sigurdardottir, Islands Beitrag zur nordeuropäischen Krimiwelle.

18

Karl May (1842-1912)

Schriftsteller	Zeit	Beiname
Edgar Rice Burroughs	1875-1950	*Karl May Amerikas*
Franz Treller	1839-1908	*Der zweite Karl May*
Frank Schätzing	*1957	*Karl May des 21. Jahrhunderts*
Boris Akunin	*1956	*Russischer Karl May (-Verschnitt)*

"Der rote Mann kämpft den Verzweiflungskampf; er muss unterliegen; aber ein jeder Schädel eines Indianers, welcher später aus der Erde geackert wird, wird denselben stummen Schrei zum Himmel stoßen, von dem das vierte Kapitel der Genesis erzählt."
(Der Sohn des Bärenjägers, 1890).

Karl May gehört zu den meistgelesenen deutschen Schriftstellern. Die Auflage seiner Bücher allein in Deutschland wird auf 100 Millionen geschätzt. Seine über 30 Reiseerzählungen, einschließlich der Winnetou-Trilogie, werden vor allem von Jugendlichen gelesen.

Der Kasseler Franz Treller, Autor von Abenteuerromanen, die sich vor allem an ein jugendliches Publikum richteten, wird manchmal als *der zweite Karl May* bezeichnet. Der Kölner Frank Schätzing, dessen Buch *Der Schwarm* eine Millionenauflage erreichte, ist bereits mit Karl May verglichen worden.

Der Tarzan-Erfinder Edgar Rice Burroughs (1875-1950) wird gelegentlich *Karl May Amerikas* genannt.

Der Georgier Grigori Schalwowitsch Tschchartischwili, der auf Russisch und unter dem Pseudonym Boris Akunin schreibt, wurde im Jahr 2005 von der Internet-Zeitung *Russland Aktuell* als russischer Karl-May-Verschnitt bezeichnet.

Honoré de Balzac (1799-1850)

Schriftsteller	Zeit	Beiname
Jules Mary	1851-1922	*Balzac du pauvre*
Georges Simenon	1903-1989	*Balzac du pauvre (Balzac des kleinen Mannes)*
Martin Walser	*1927	*Balzac/Balzäcle vom Bodensee*
David Simon	*1960	*Balzac unserer Zeit*

"*Le monde, qui n'est cause d'aucun bien, est complice de beaucoup de malheurs.*"

Der französische Schriftsteller Honoré de Balzac versuchte mit seinem trotz 88 Bänden unvollendet gebliebenen Romanzyklus *La comédie humaine* ein umfassendes Bild der französischen Gesellschaft des 19. Jahrhunderts zu schaffen. Der mit 75 Kriminalromanen (Maigret), 100 weiteren Romanen, 150 Erzählungen und über 1000 Kurzgeschichten überaus produktive belgische Schriftsteller Georges Simenon wird im französischen Sprachraum auch als *Balzac du pauvre* (Balzac des kleinen Mannes) bezeichnet, weil sein intellektueller Anspruch dem Balzacs nicht ebenbürtig ist. Der französische Schriftsteller Jules Mary war zeitweise mit Rimbaud verbunden, hinterließ mehr als 30 Werke und gilt in Frankreich ebenfalls als *Balzac des kleinen Mannes*.
Als Balzac (bzw. spöttischer und dem alemannischen Bodenseedialekt entsprechend *Balzäcle*) *vom Bodensee* wird gelegentlich Martin Walser (`*Ein fliehendes Pferd*´) bezeichnet.

20

Anton P. Tschechow (1860-1904)

Schriftsteller	Zeit	Beiname
John Cheever	1912-1982	The Chekhov of the suburbs
Alice Munro	*1931	Kanadas Tschechow
Eduard von Keyserling	1855-1918	Baltischer Tschechow
Herman Bang	1857-1912	Dänischer Tschechow

`Wenn ein Gewehr an der Wand hängt, muss es auch schießen´.

Der Grundsatz, dass alles was im Text eingeführt wird, auch eine Bedeutung haben muss, wird als *Tschechows Gewehr* bezeichnet. Ein am Anfang des Romans erwähntes Gewehr wirft so seinen Schatten voraus. Anton Pawlowitsch Tschechow war in seinem relativ kurzen Leben ein sehr produktiver Dramatiker, der in kaum mehr als zwei Jahrzehnten mehrere hundert literarische Werke verfasste. Am bekanntesten sind die Dramen `Drei Schwestern, `die Möwen´ und `Kirschgarten´. Tschechow hatte Kontakt zum russischen Schriftsteller Leo Tolstoi. Dieser sagte über ihn: `Tschechow ist einer der wenigen Schriftsteller, ähnlich wie Dickens und Puschkin, welche man immer wieder von neuem lesen kann´. Tschechows Frühwerke sind von witzig-satirischem Stil geprägt, die späteren Werke vom Realismus.

Der amerikanische Schriftsteller John Cheever (Pulitzerpreis 1979, *The Whapshot Chronicle, Bullet Park, Falconer*) wurde wegen seiner Vorstadthelden als *Chekhov of the suburbs* bezeichnet. Die Nobelpreisträgerin Alice Munro (*Tanz der seligen Geister, Jupitermädchen*) gilt als *Kanadas Tschechow*. Der dänische Schriftsteller Herman Bang, wegen seines Dandy-Lebensstils und seiner Homosexualität auch mit Oscar Wilde verglichen, gilt wegen seiner genauen Figurenbeschreibung auch als *dänischer Tschechow*.

Joachim Ringelnatz (1883-1934)

Schriftsteller	Zeit	Beiname
Mascha Kaleko	1907-1975	*Weiblicher Ringelnatz*
Sissi Perlinger	*1963	*Weiblicher Ringelnatz*
Andrea Schomburg	*1958	*Frau Ringelnatz des 21. Jahrhunderts*

Der in Wurzen bei Leipzig als Hans Gustav Bötticher geborene Joachim Ringelnatz gilt im deutschen Sprachraum als Inbegriff eines Dichters humoristischer Zeilen. Ringelnatz schrieb einst „*Humor ist der Knopf, der verhindert, dass uns der Kragen platzt* ". Verschiedene Lyrikerinnen und die Entertainerin Sissi Perlinger (Zitat: *Die erste Lebenshälfte wird einem von den Eltern vermiest, die zweite von den Kindern)* werden gelegentlich als weiblicher Ringelnatz bezeichnet. Am ehesten berechtigt ist der Vergleich für Mascha Kaleko, die auch als *weiblicher Kästner* bezeichnet wurde. Kalekos schönstes Gedicht:

Mein schönstes Gedicht?
Ich schrieb es nicht.
Aus tiefsten Tiefen stieg es.
Ich schwieg es.

Bei Andrea Schomburg ist der Ringelnatz-Vergleich eine Selbsteinschätzung. Zumindest relativiert sie ihn auf ihrer Homepage: *Ringelnatz und Tucholsky grüßen aus der Ferne.* Ob sie damit diese Kostprobe gemeint hat:

`Und hat das Leben auch viel Fieses`
Genieße es, du hast nur dieses´

22

Henry David Thoreau (1817-1862)

Schriftsteller	Zeit	Beiname
Edward Abbey	1927-1989	*Thoreau of American West*
Loren Eiseley	1907-1977	*Modern Thoreau*
Gary Snyder	*1930	*Thoreau of the beat generation*

Time is but a stream I go fishing in.
Give me a wilderness no civilization can endure.

Der amerikanische Schriftsteller und Philosoph Henry David Thoreau ist in Deutschland vor allem für sein Buch *Walden. Oder das Leben in den Wäldern* bekannt, Thoreau gilt als Vordenker der Bürgerrechts- und Umweltbewegung, *Walden* als Geburtsstunde des Schreibens über die Natur.

Der amerikanische Naturforscher und Schriftsteller Edward Abbey inspirierte mit seinem Werk radikale Umweltaktivisten. Er lebte in Arizona und wurde deshalb *Thoreau of the American West* genannt.

Der US-Amerikaner Loren Eiseley war Wissenschaftler, Philosoph und Autor von naturwissenschaftlichen Sachbüchern. Von der US-Fachpresse wurde er auch *modern Thoreau* genannt. Seine Grabstein-Inschrift: `We loved the earth, but couldn´t stay´.

Gary Snyder ist ein US-Dichter, der oft mit der Beat Generation in Zusammenhang gebracht wird. Weil er auch Umweltaktivist ist, gilt er als *Thoreau der Beat Generation.*

Walt Whitman (1819-1892)

Schriftsteller	Zeit	Beiname
Pablo Neruda	1904-1973	Latin Walt Whitman
Allen Ginsberg	1926-1997	Whitman of the beat generation
Afaa Michael Weaver	*1951	Black Walt Whitman of our age

Hog Butcher for the World,
Tool Maker, Stacker of Wheat,
Player with Railroads and the Nation's Freight Handler;
Stormy, husky, brawling,
City of the Big Shoulders.
(Chicago poem)

Walt Whitman wird zu den Begründern der modernen amerikanischen Dichtung gerechnet. *Leaves of Grass* ist dabei sein berühmtester Gedichtband.

Der amerikanische Dichter Allen Ginsberg (bekanntestes Gedicht `Howl´. Geheul) gilt als *Whitman der Beat Generation*, zumindest hat ihn der Verleger und Dichter Lawrence Ferlinghetti, der 1956 den Gedichtband Howl verlegte, so bezeichnet. Der sino-afroamerikanische Dichter, Verfasser von Kurzgeschichten und Herausgeber Afaa Michael Weaver wird von der US-Presse gelegentlich *Black Walt Whitman of our age* genannt. Aus seinem Gedicht `Leaves´:

The lines that make you are infinite, but I count them
every day to hear the stories you carry. These are not secrets
but records, things we should know but ignore. If I commit
the sin of tearing you from the tree, I find another world
inside the torn vein, another lifetime of counting the records..

Samuel Beckett (1906-1989)

Schriftsteller	Zeit	Beiname
Heiner Müller	1929-1995	*DDR-Beckett*
Thomas Bernhard	1931-1989	*Alpen-Beckett*
Jon Fosse	*1959	*Beckett des 21. Jahrhunderts*

Der irische Schriftsteller Samuel Beckett bekam 1969 den Literaturnobelpreis. Sein bekanntestes Werk ist *Warten auf Godot*. Beckett sagte einst:
"If by Godot I had meant God I would have said God, and not Godot."
Heute ist Beckett wegen seines schwierigen Werkes ein wenig gelesener, aber viel aufgeführter Theaterautor. Anfangs war sein Werk noch lesbarer, seine Frühphase bis Mitte der 1930er Jahre wird auch als *Beckett vor Beckett* bezeichnet.
Das Werk des österreichischen Schriftstellers Thomas Bernhard galt als von Beckett beeinflusst. Bernard wurde deshalb, etwas spöttisch, auch *Alpen-Beckett* genannt.
Seltener wurde der Berliner Dramatiker Heiner Müller als `DDR-Beckett´ bezeichnet. Waren viele seiner Texte waren in der DDR mit einem Aufführungsverbot belegt. Sein Wirken reichte zudem in die Mitte der 1990er und damit in das vereinte Deutschland hinein.
Der Norweger Jon Fosse publizierte erst Lyrikbände und Romane. Seit den späten 1990er Jahren widmet er sich verstärkt dem Theater. Außerhalb Norwegens und Skandinaviens wurde er erst vor allem im englischsprachigen und deutschsprachigen Raum bekannt. Mittlerweile wird er jedoch weltweit aufgeführt und außerhalb Norwegens gelegentlich als *Beckett (oder Ibsen) des 21. Jahrhunderts* bezeichnet.

Friedrich Hölderlin (1770-1843)

Schriftsteller	Zeit	Beiname
Georg Trakl	1887-1914	*Hölderlin des 20. Jahrhunderts*
Josef Weinheber	1892-1945	*Heurigen-Hölderlin*
Brian Wilson	*1942	*Hölderlin der Popmusik*

Seliges Land! Kein Hügel in Dir
wächst ohne den Weinstock /
Nieder ins schwellende Gras
regnet im Herbst das Obst /
Fröhlich baden im Strome
den Fuß die glühenden Berge /
Kränze von Zweigen und Moos
kühlen ihr sonniges Haupt
Ode an Württemberg

Friedrich Hölderlin, 1770 im württembergischen Lauffen am Neckar zur Welt gekommen, gilt im deutschen Sprachraum als Inbegriff eines (sensiblen) Lyrikers.
Zwei österreichische Dichter, im Abstand von 5 Jahren geboren, werden gelegentlich mit Hölderlin verglichen.
Der expressionistische Salzburger Dichter Georg Trakl, der mit 27 Jahren in Krakau an einer Überdosis Kokain starb, wird auch *Hölderin des 20. Jahrhunderts* genannt.
Josef Weinheber, einer der meistgelesenen Lyriker seiner Zeit, galt als stimmungsvoller Wiener Heimatdichter (`Heurigenhölderlin´). Weinheber war jedoch eher von Rainer Maria Rilke, Richard Dehmel und Walt Whitman beeinflusst, als von Hölderlin. Später stellte er sein Schaffen in den Dienst der Nationalsozialisten und wurde von diesen `als bedeutendster lebender Lyriker der Gegenwart´ bezeichnet.

26

Helene Hegemann (*1992)

Schriftsteller	Zeit	Beiname
Friedrich Stolze	1816-1981	*Helene Hegemann des 19. Jahrhunderts*
Benjamin Lebert	*1982	*Helene Hegemann der vergangenen Jahrhundertwende*

Helene Hegemann, 1992 in Freiburg geboren, wurde 2010 durch ihren Debütroman *Axolotl Roadkill* bekannt. Erst von der Literaturkritik gelobt, löste das Buch schließlich eine Plagiatsdiskussion aus, denn Teile waren, ohne diese zu kennzeichnen, aus dem 2009 erschienenen Roman *Strobo* des Berliner Bloggers Airen abgeschrieben. Spätere Auflagen von Axolotl Roadkill kennzeichneten schließlich die Textübernahmen. Noch vor zu Guttenberg stand Hegemann für ein Jungtalent und für ein Plagiatsproblem.

Friedrich Stolze war ein Frankfurter Schriftsteller, Dichter und Verleger. Seine bekanntesten Verszeilen:

„Es is kaa Stadt uff der weite Welt,
die so merr wie mei Frankfort gefällt,
un es will merr net in mein Kopp enei:
wie kann nor e Mensch net von Frankfort sei!

Als sich das Feuilleton fragte, ob Stolze teilweise bei Goethe abgekupfert hatte, war schnell von *Helene Hegemann des 19. Jahrhunderts* die Rede.

Benjamin Lebert wurde bereits im Alter von 17 Jahren durch seinen Debütroman Crazy (1999, die Auflage hat mittlerweile die Millionengrenze überschritten) berühmt. Der Vergleich mit Hegemann zielt nicht auf Plagiatsvorwürfe ab, sondern auf seinen frühen Erfolg.

Miguel de Cervantes (1547-1616)

Schriftsteller	Zeit	Beiname
Grimmelshausen	1622-1676	*Deutscher Cervantes*
Juan Montalvo	1832-1889	*Amerikanischer Cervantes*

Es ist ein Ritter von der traurigen Gestalt.
(Don Quijote)

Miguel de Cervantes´ *Don Quijote* gilt als eines der wichtigsten Bücher der Weltliteratur und als das vielleicht bedeutendste des spanischen Sprachraumes. An Cervantes´ Todestag, dem 23. April (auch Todestag Shakespeares, der ebenfalls 1616 starb) wird heute der Welttag des Buches gefeiert. *El ingenioso Hidalgo Don Quijote de la Mancha* (der sinnreiche Junker Don Quijote von der Mancha) gilt als erster Roman der Literaturgeschichte. Den ersten Teil veröffentlichte Cervantes mit großem Erfolg 1605, den zweiten Teil erst 1615.

Cervantes hatte den Beinamen *el manco de Lepanto* (der Einarmige von Lepanto), denn in der Seeschlacht von Lepanto wurde seine Hand durch einen Schuß entstellt. Später schrieb er, `er hätte die Fähigkeit, seine linke Hand zu bewegen, zum Ruhme seiner rechten verloren´. Nur wenige andere Schriftsteller werden mit Cervantes verglichen. In Deutschland wird von Grimmelshausen wegen seines Schelmenromans Simplicissimus (1668) manchmal *Deutscher Cervantes* genannt. Der Ecuadorianer und Cervantes-Kenner Juan Montalvo hat im 19. Jahrhundert eine Fortsetzung von Don Quijote geschrieben (*Capitulos que se le Olvidaron a Cervantes*, Kapitel, die Cervantes vergaß). Er wird deshalb manchmal auch als `amerikanischer Cervantes´ bezeichnet.

Molière (1622-1673)

Schriftsteller	Zeit	Beiname
Carlo Goldoni	1707-1793	*Italienischer Molière*
Wolfgang Deichsel	1939-2011	*Hessischer Molière*

`Die meisten Menschen sterben eher am Heilmittel als an der Krankheit selbst´ `Man stirbt nur einmal - dafür für lang´.

Der in Paris geborene französische Schauspieler, Theaterdirektor und Dramatiker Molière hieß eigentlich Jean-Baptiste Poquelin. Seinen Künstlernamen legte er sich erst um 1643 zu.
Molières letzte und wohl bekannteste Komödie war *Der eingebildete Kranke*. Molière spielte selbst die Hauptrolle, erlitt bei der vierten Aufführung einen Schwächeanfall und starb kurze Zeit später.
Der in Venedig geborene italienische Komödiendichter Carlo Goldoni (bekanntestes Stück *Der Diener zweier Herren*) wird manchmal als *italienischer Molière* bezeichnet. Er verbrachte die letzten dreißig Jahre seines Lebens in Paris, schrieb deshalb auch französische Stücke und geriet noch in die Wirren der Französischen Revolution.
Der deutsche Autor und Theatermacher Wolfgang Deichsel übertrug Molière-Texte ins Hochdeutsche und Hessische und wurde deshalb auch *hessischer Molière* genannt.

29

Leo Tolstoi (1828-1910)

Schriftsteller	Zeit	Beiname
Miklos Banffy	1873-1950	*Tolstoi Transsilvaniens*
Michail Schischkin	*1961	*Neuer Tolstoi*

`Aber was immer wir auch tun mögen, wir können uns weder eine Vorstellung von vollständiger Freiheit noch von vollständiger Notwendigkeit machen´*
Krieg und Frieden.

Tolstoi gilt als der bedeutendste unter den vielen großen russischen Schriftstellern. Seine Epen „Anna Karenina" und „Krieg und Frieden" zählen zu den wichtigsten Werken der Weltliteratur. Mit über 1200 bzw. über 1500 Seiten zählen sie auch zu den gewichtigsten. Krieg und Frieden ist fast schon ein Inbegriff für einen umfangreichen Schmöker, was sich im folgenden Woody Allen-Witz zeigt: *I took a speed reading course and read War and Peace. It involves Russia.* Tolstoi galt auch als Reformer, der sich für die Belange der Arbeiter und Bauern einsetzte. Dazu gibt es folgenden Witz. *Zwei Adelige fahren mit dem Zug an Tolstois Landgut Jasnaja Poljana vorbei. Fragt der eine: Wo ist denn der pflügende Graf zu sehen. Antwortet der andere: der pflügt nur, wenn der Luxuszug erster Klasse vorbeifährt.*
Miklos Banffy von Losoncz war wie Tolstoi Adeliger, Großgrundbesitzer und Autor. Als Ungar aus Sieben-bürgen wurde er bereits als *Tolstoi Transsilvaniens* bezeichnet. Der in Zürich lebende russische Autor Michail Schischkin, dessen Werke in Russland meist Bestseller werden, wurde bereits als *neuer Tolstoi* bezeichnet. Mit Tolstoi beschäftigt er sich auch direkt, so im Buch *Auf den Spuren von Byron und Tolstoi- Eine literarische Wanderung von Montreux nach Meiringen.*

Charles Bukowski (1920-1994)

Schriftsteller	Zeit	Beiname
Wolfgang Welt	*1952	*Bukowski des Ruhrgebietes*
Oles Uljanenko	1961-2010	*Ukrainischer Bukowski*

Charles Bukowski, als Sohn des amerikanischen Besatzungssoldaten Henry Bukowski und der Deutschen Katharina Fett in Andernach am Rhein geboren, steht für unverblümte, direkte Sprache, Protagonisten wie Prostituierte, Alkoholiker, Obdachlose und dichterische Schaffenskraft außerhalb des bürgerlichen Mainstreams.
Bukowski sagte einst:
"Poetry is what happens when nothing else can."
und über Kunst:
"an intellectual says a simple thing in a hard way. An artist says a hard thing in a simple way."
Über die Menschen sagte er:
"Do you hate people?
I don't hate them...I just feel better when they're not around."
Einen echten Bukowski-Nachfolger gibt es eigentlich nicht. Der Bochumer Wolfgang Welt (Roman `Buddy Holly auf der Wilhelmshöhe´ 2006), der in seiner Zeit als Musikjournalist Heinz-Rudolf Kunze als `singenden Erhard Eppler´ bezeichnet hat, wurde bereits *Bukowski des Ruhrgebietes* genannt.
Der 2010 gestorbene ukrainische Schriftsteller und Literatur-Staatspreisträger Oles Uljanenko wurde als ukrainischer Dostojewski, Bukowski und Morrison in einer Person bezeichnet.

Denis Diderot (1713-1784)

Schriftsteller	Zeit	Beiname
Arno Schmidt	1914-1979	*Niedersächsischer Diderot*
Dirk Franke	*1976	*Diderot der Pizzaschachtel*

Wenn alles in der Welt vortrefflich wäre, so gäbe es gar nichts Vortreffliches.

Der französische Schriftsteller Denis Diderot war einer der wichtigsten Autoren der zwischen 1750 und 1781 in 35 Bänden erschienenen *Encyclopédie (ou Dictionnaire raisonné des sciences, des arts et des métiers)*. Diderot gilt damit als Inbegriff eines Autors, der über enzyklopädisches Wissen verfügt oder welcher Lexikonartikel verfasst.

Der deutsche Schriftsteller Ernst Jünger (1895-1998) bezeichnete den im südniedersächsischen Bargfeld wohnenden Arno Schmidt als *niedersächsischen Diderot*. Dazu beigetragen hat Schmidts von der Psychoanalyse Sigmund Freuds beeinflusste *Etym-Theorie* zur Sprache des Unbewussten.

Der Politikwissenschaftler Dirk Franke wurde in einem Artikel in der Zeitschrift *brand eins,* Ausgabe 10/2012 als Diderot der Pizzaschachtel bezeichnet, denn Franke ist fleissiger Wikipediaartikel-Verfasser, darunter ein Beitrag zur Pizzaschachtel. Wikipedia also als Encyclopédie des 21. Jahrhunderts.

Victor Hugo (1802-1885)

Schriftsteller	Zeit	Beiname
Taras Schewtschenko	1814-1861	*Victor Hugo der Ukraine*
Louis Aragon	1897-1982	*Victor Hugo des 20. Jahrhunderts*

Die Erfindung des Buchdruckes ist das größte Ereignis der Weltgeschichte.

Victor Hugo gilt als einer der wichtigsten französischen Schriftsteller und als der größte der zweiten Hälfte des 19. Jahrhunderts. In Frankreich hat er eine ähnliche Bedeutung wie Goethe in Deutschland. Seine frühen Werke sind der Romantik, seine späteren dem Realismus zuzuordnen. Hugo war auch politisch aktiv und seine Romane sozial engagiert. Weil sich Hugo 1851 gegen den Staatsstreich von Bonaparte aussprach, musste er viele Jahre im Exil auf den britischen Kanalinseln verbringen.

Das Werk des ukrainischen Nationaldichters Taras Schewtschenko trug erheblich zur Schaffung der modernen ukrainischen Literatur und zur Entstehung eines ukrainischen Nationalbewusstseins bei. Ukrainische Schriftsteller, darunter auch Gogol, verfassten ihre Werke bis dahin in der Regel auf Russisch. Auch weil Schewtschenko nicht nur literarische, sondern auch politische Bedeutung hat, wird er mit Hugo verglichen.

Der französische Schriftsteller Louis Aragon war ein Vertreter des sozialistischen Realismus. Mit Hugo hat er den Realismus und sein politisches Engagement für sozial Benachteiligte gemein, deshalb der Beiname *Victor Hugo des 20. Jahrhunderts*.

2. Weitere literaturbezogene Beinamen

Fernando Pessoa-Denkmal in Brüssel

Das Land der Dichter und Denker

Die Französin Anne Louise Germaine de Stael-Holstein (1766-1817) gilt als Schöpferin der auf Deutschland gemünzten Bezeichnung *Land der Dichter und Denker*. Da sie an Aktionen gegen Napoleon beteiligt war und deshalb in Paris Aufenthaltsverbot bekam, machte sie sich im Herbst 1803 auf eine Reise durch Deutschland. In Weimar traf sie dabei Schiller und Goethe, in Berlin Schlegel. 1807-1810 schrieb sie dann das Buch *De l`Allemagne* (Über Deutschland), das jedoch nach seinem Erscheinen von der napoleonischen Zensur verboten wurde. Denn das Buch zeichnete ein idealistisches Bild von Deutschland, das sich durch regionale Vielfalt, dezentrale Strukturen und dadurch hervorgebrachte kulturelle und geistige Kreativität auszeichnet. Ein Gegensatz zu dem durch Napoleon zentralistisch regierten Frankreich. Nach 1815 prägte dieses Buch das Deutschlandbild der französischen Intellektuellen, es führte aber auch zu einer Unterschätzung der späteren Rolle Deutschlands als Konkurrent und Rivale Frankreichs.

Land	Beiname
Deutschland	*Land der Dichter und Denker*
Irland	*Land der Dichter*
Schottland	*Land der Dichter und Krieger*
Wales	*Land der Dichter und Sänger*
Chile	*Land der Dichter und des Weins*
Georgien	*Land der Dichter und Monster*
Somalia	*Land of Bards/Land der Barden*
Mauretanien	*Land mit einer Million Dichter*
Nicaragua	*Land der Dichter, Vulkane und Seen*
Portugal	*Land der Poeten*

2.1 Beinamen weiterer deutschsprachiger Schriftsteller

Übersicht über Beinamengeber, die nur seltener als Vergleich herhalten.

Schriftsteller	Zeit	Beiname
Thomas Bernhard	1931-1989	*Unterganghofer*
Horst Eckert	*1959	*Der deutsche James Ellroy*
Andreas Eschbach	*1959	*Deutscher Michael Crichton*
Cornelia Funke	*1958	*Deutschlands J.K. Rowling*
Karl Markus Gauß	*1954	*Bruce Chatwin der europäischen Peripherie*
Heinrich Heine	1797-1856	*Der deutsche Byron*
Wolfgang Hohlbein	*1953	*Der deutsche Stephen King*
Mascha Kaleko	1907-1975	*Weiblicher Kästner*
Christian Kracht	*1966	*Capote der Generation Golf*
Robert Kraft	1869-1916	*Deutscher Jules Verne*
Johannes von Müller	1752-1809	*Deutscher (Schweizer) Tacitus*
Bert Papenfuß	*1956	*Johann Fischart der DDR*
Stephan Peters	*1949	*Der deutsche Bret Easton Ellis*
Ludwig Seeger	1810-1864	*Schwäbischer Heinrich Heine*
Dietmar Sous	*1954	*Der rheinische Nick Hornby*
Harry Thürk	1927-2005	*Konsalik des Ostens*
Felicia Zeller	*1970	*Schwäbische Jelinek*
Gerhard Zwerenz	*1925	*Boccaccio der Studentenszene*

36

2.2 Beinamen weiterer internationaler Schriftsteller

Übersicht über seltener erscheinende Beinamengeber.

Schriftsteller	Zeit	Beiname
Gil Vicente	1465-1536	*Plautus Portugals*
Luis de Camoes	1524-1579	*Portugiesischer Virgil*
Robert W. Service	1874-1958	*Canadian Kipling*
H.T. Webster	1885-1952	*The Mark Twain of American cartoonists*
R.K. Narayan	1906-2001	*South Indian E.M. Forster*
Elmore Leonhard	*1925	*Dickens of Detroit*
Abid Surti	*1935	*Salman Rushdie Indiens*
Dean Koontz	*1945	*Poor man´s Stephen King*
Paulo Coelho	*1947	*Poor man´s Garcia Marquez*
Robin Hobb	*1952	*Poor man´s Tolkien*
Robert J Sawyer	*1960	*Canada´s answer to Michael Crichton*
John Connolly	*1968	*Der neue Stephen King*
Thomas Enger	*1973	*Der neue Jo Nesbo*
Stephenie Meyer	*1973	*The new Rowling*
Phil Harris		*Next Dan Brown*
Ryhaan Shah	*1950er	*Toni Morrison of the Caribbean*
Miroslaw Nahacz	1984-2007	*Der Benjamin Lebert der polnischen Literatur*

2.3 Liste von Literaturvätern

Schriftsteller, welche als Väter (Begründer und Pioniere) der Literatur europäischer Länder und Regionen gelten.

Schriftsteller	Zeit	Beiname
Ari Frodi	1067-1148	*Vater der isländischen Literatur*
Ramon Llull	1232-1316	*Vater der katalanischen Literatur*
Geoffrey Chaucer	1342-1400	*Father of English literature*
Alisher Navoi	1441-1501	*Vater der usbekischen Literatur*
Marko Marulic	1450-1524	*Vater der kroatischen Literatur*
Mikolaj Rej	1505-1569	*Vater der polnischen Literatur*
Primoz Trubar	1508-1586	*Vater der slowenischen Literatur*
Mikael Agricola	1509-1557	*Vater der finnischsprachigen Literatur*
Miguel Cervantes	1547-1616	*Vater der spanischen Literatur*
Ludvig Holberg	1684-1754	*Vater der dänischen Literatur*
Kristijonas Donelaitis	1713-1780	*Vater der litauischen Literatur*
Ion Heliade Radulescu	1802-1872	*Vater der rumänischen Literatur*
Chatschatur Abowjan	1809-1848	*Vater der modernen armenischen Literatur*
Hendrik Consience	1812-1883	*Vater der modernen niederländischsprachigen. Literatur. in Flandern*
Alexander Puschkin	1799-1837	*Vater der russischen Literatur*
Friedrich R. Kreutzwald	1803-1882	*Vater der estnischen Literatur*
Taras Sewtschenko	1814-1861	*Vater der modernen ukrainischen Lit.*
Ivan Vazov	1850-1928	*Vater der bulgarischen Literatur*
Kliment Tarnowski	1841-1901	*Vater der bulgarischen Romanliteratur*
Haldor Laxness	1902-1998	*Vater der modernen isländischen Lit.*

2.4 Väter der Dichtkunst

Übersicht zu wegbereitenden Dichtern.

Schriftsteller	Zeit	Beiname
Hesiod	Um 700 v C	*Vater der didaktischen griechischen Dichtkunst*
Rudaki	858-941	*Vater der persischen Dichtkunst*
Chu (Qu) Yuan	340 -278 v C	*Vater der chinesischen Dichtkunst*
Ki no Tsurayuki	872-945	*Vater der japanischen Dichtkunst*
Jacob van Maerlant	1235-1300	*Vater der holländischen Dichtkunst*
Martin Opitz	1597-1639	*Vater der deutschen Dichtung*
Georg Stiernhielm	1598-1672	*Vater der schwedischen Dichtkunst*
Mikhail Lomonosov	1711-1765	*Vater der russischen Dichtkunst*
Jan Holly	1785-1849	*Vater der slowakischen Dichtkunst*
Iancu Vacarescu	1792-1863	*Vater der rumänischen Poesie*
Walt Whitman	1819-1892	*Father of American poetry*
Adolf Cerny	1864-1952	*Ahnvater der sorbischen Poesie*
Seo Jung Ju	1915-2000	*Vater der modernen koreanischen Dichtkunst*

Väter des Dramas und der Tragödie

Pierre Corneille	1606-1684	*Vater der französischen Tragödie*
Gil Vicente	1465-1536	*Vater des portugiesischen Dramas*

Väter der Sprache und Rechtschreibung

Dante Aligheri	1265-1321	Vater der italienischen Sprache
Konrad Duden	1829-1911	Vater der deutschen Rechtschreibung

2.5 Verschiedene Beinamen von Schriftstellern

Deutschsprachige

J.W. von Goethe	*Der Dichterfürst*
Friedrich Schiller	*Abgott der Jugend*
Johann G. Hamann	*Magus in Norden*
Gotthold E. Lessing	*Aufklärerischer Schriftsteller par excellence*
Friedrich Hölderlin	*Der dunkle Dichter*
Georg Büchner	*Revolutionsdichter*
Gerhart Hauptmann	*Dichter der Armen*
Friederike Kempner	*Der Schlesische Schwan*
Ludwig Ganghofer	*Alpenkönig*
Thomas Mann	*Der Zauberer*
Hermann Hesse	*Schwäbischer Weltbürger*
Rheinhold Schneider	*Das Gewissen der Nation*
Heinrich Böll	*Gewissen der Nation*
Thomas Bernhard	*Negativer Staatsdichter*
Günter Grass	*Literarischer Rabelais*
Jack Unterweger	*Knastpoet, Knastdichter, Häfendichter*
Max von der Grün	*Arbeiterschriftsteller*

Englischsprachige

Shakespeare	*The bard (der Barde)*
Walter Scott	*The Wizard of the North*
Oscar Wilde	*Unterhaltsamster Schriftsteller Englands, Dandy, Skandalautor*
Walt Whitman	*Most American of poets, The good gray poet, Poet of democracy and freedom America's first gay man*
Mark Twain	*Der König*
William S. Burroughs	*Drogendichter, Drogenschriftsteller*
Doris Lessing	*Die Kassandra des 20. Jahrhunderts*
Ernest Hemingway	*Papa*
Thomas Pynchon	*Phantom der US-Literatur*

Andere Sprachen

F. Dostojewski	*Der verrückte, vertrackte Russe*
Miguel de Cervantes	*Der Krüppel von Lepanto*
Carlos Fuentes	*Marxist im Smoking*
Julio Cortazar	*Modern master of the short story*

2.6 Beinamen von Buchläden, Buchhändlern, Büchern

Buchläden		
Shakespeare &Co	Paris	*Stratford upon Odeon*
Barter	Alnwick	*British Library of secondhand bookshops*
Borders	USA (Kette)	*Poor man's Barnes & Noble*
Buchhändler		
Johann Friedrich Cotta	1764-1832	*Napoleon unter den Buchhändlern*
Verleger		
Siegfried Unseld	1924-2002	*Der Herr der Bücher*
Literaturkritiker		
Marcel Reich-Ranicki	1920-2013	*Literaturpapst, Verona Feldbusch der deutschen Literaturkritik*
Bücher		
The adventures of Huckleberry Finn	Mark Twain	*The great American novel*
Short history of time	Stephen Hawking	*Bestseller nobody has read.*
Max Havelaar	Multatuli	*Das Buch, welches den Kolonialismus beendete*
Rimbaud und die Dinge des Herzens	Samuel Benchetrit	*Der kleine Prinz der Pariser Vorstadt*
Peer Gynt	H. Ibsen	*Norwegischer Faust*

3. 100 Zitate und 100 Witze und Sketche zu Büchern

Outside of a dog a book is man´s best friend. Inside a dog it is too dark to read.

Groucho Marx (1890-1977)

Georg Christoph Lichtenberg (1742-99)
Der deutsche Aphoristiker Lichtenberg ist Urheber einer ganzen Reihe bekannter Zitate zu Büchern.

Das Buch, das in der Welt am ehesten verboten zu werden verdiente, wäre ein Katalogus von verbotenen Büchern.

Ein Buch ist ein Spiegel. Wenn ein Affe hineinguckt, so kann kein Apostel heraussehen.

Eine seltsamere Ware gibt es schwerlich in der Welt. Von Leuten gedruckt, die sie nicht verstehen; von Leuten verkauft, die sie nicht verstehen; gebunden, rezensiert und gelesen von Leuten, die sie nicht verstehen, und nun gar geschrieben von Leuten, die sie nicht verstehen.

Das Buch muss erst ausgedroschen werden.

Wer zwei Paar Hosen hat, mache eins zu Geld und schaffe sich dieses Buch an.

Bei manchem Werke eines berühmten Mannes möchte ich lieber lesen, was er weggestrichen hat.

Es ist sehr gut, die von anderen hundertmal gelesenen Bücher immer noch einmal zu lesen, denn obgleich das Objekt einerlei bleibt, so ist doch das Subjekt verschieden.

Gelegentlich verfilmter Buch-Sketch:

Kommt ein Mann in die Bibliothek. "Eine Currywurst mit Pommes, bitte." "Das ist hier eine Bibliothek." Lehnt der Mann sich nach vorne und *flüstert*: "Eine Currywurst mit Pommes, bitte."

Mark Twain (1835-1910)

Der amerikanische Schriftsteller Mark Twain (er hieß eigentlich Samuel Langhorne Clemens) ist Autor von witzigen Statements zu Büchern.

Es ist idiotisch, sieben oder acht Monate an einem Roman zu schreiben, wenn man in jedem Buchladen für zwei Dollar einen kaufen kann.

Mancher schreibt gleich zwei Bücher auf einmal: das erste und das letzte.

Seien Sie vorsichtig mit Gesundheitsbüchern - Sie können an einem Druckfehler sterben.

Ein Klassiker ist etwas, das jeder gelesen haben muss und niemand lesen möchte.

Twains Buchklassifikation

`Der Wert des Buches richtet sich vor allem nach bestimmten Eigenschaften. In Leder gebundene Bücher können beispielsweise beim Abziehen von Rasierklingen unbezahlbare Dienste leisten. Dünne Broschüren dagegen eignen sich vortrefflich dazu, wackelnden Tischchen das Gleichgewicht wiederzugeben. Ein Lexikon ist hervorragend geeignet, einen Einbrecher gefechtsunfähig zu machen´.

Groucho Marx (1890-1977)

Der amerikanische Schauspieler Groucho Marx (er wurde durch die Marx Brothers Filme bekannt) galt zeitweise als der witzigste Mann Hollywoods. Zu seinen pointenreichen Statements gehören auch solche zu Büchern.

Outside of a dog a book is man´s best friend. Inside a dog it is too dark to read.

From the moment I picked your book up until I put it down I was convulsed with laughter. Some day I intend reading it.

In einem Buchladen kauft ein Mann ein Buch mit dem Titel `Wie man vermeidet, Steuern zu zahlen´. Der Buchhändler weist den Kunden darauf hin, dass der Autor gerade ein neues Werk publiziert hat. `Wie heißt es denn? ´, fragt der Kunde. Darauf der Buchhändler `Meine Jahre im Gefängnis´.

I must say that I find television very educational. The minute somebody turns it on, I go to the library and read a book.

Buchladensketch

Gelegentlich verfilmter Buchladen-Sketch
(z.B. in der *Bullyparade*)

Ein Kunde geht in eine Buchhandlung und fragt nach einem Buch mit dem Titel "Die Unschuld". Die Buchhändlerin ist nicht ganz sicher, ob noch ein Buch auf Lager ist und ruft nach hinten: "Herr Meier, haben wir noch die Unschuld?" Der antwortet: "Wenn Sie sie vorn nicht mehr haben, dann habe ich sie hinten auch nicht mehr."

Gilbert Keith Chesterton (1874-1936)

Der englische Buchautor und Journalist G.K. Chesterton hat zahlreiche humoristische Zitate hinterlassen, einige auch zu Büchern.

Ein guter Roman verrät uns die Wahrheit über den Romanhelden. Ein schlechter Roman verrät uns die Wahrheit über den Romanautor.

Klassiker sind Dichter, die man loben kann, ohne sie gelesen zu haben.

There is a great deal of difference between the eager man who wants to read a book and the tired man who wants a book to read.

Shakespeare jokes

Shakespeare walks into a bar, and the bartender says, 'You can't come in here! You're bard!'

.. Shakespeare not knowing which pencil to use, 2b or not 2b.

A blonde joke: One blonde says to the other, `Have you read Shakespeare´? and the other blond says, `I dunno, who wrote it´?

Ludwig Feuerbach (1804-1872)

Der bayerische Philosoph und Anthropologe Feuerbach hat nicht nur Religionskritik, sondern auch intelligente Bemerkungen zu Büchern hinterlassen.

Bücher sind wie Brillen, durch welche die Welt betrachtet wird.

Es geht uns mit Büchern wie mit den Menschen. Wir machen zwar viele Bekanntschaften, aber nur wenige erwählen wir zu unseren Freunden.

Das `dünnste Buch´:

Deutscher Humor

Italienische Helden

Kulinarische Gerichte aus England

Varianten:

Stressbewältigung für Beamte
Fehlerfreies Programmieren (Bill Gates)
Natürliches Aussehen (von Michael Jackson)
Australische Philosophen
Gesunde amerikanische Nahrungsmittel
Lexikon ehrlicher Politiker
Bergsteigen in Holland
Was Männer über Frauen wissen

Johann Wolfgang von Goethe (1749-1832)

Gewisse Bücher scheinen geschrieben zu sein, nicht damit man daraus lerne, sondern damit man wisse, dass der Verfasser etwas gewusst hat.

Über Goethe kursiert folgende (unwahre) Geschichte: er hätte einmal auf einem Bankett eine Wette angenommen, dass er bei allem Genie, aus zwei Worten, die gar nicht zusammengehen, auch kein Gedicht machen könnte. Die Worte waren `Haustürklingel´ und `Mädchenbusen´. Als Goethe nach 15 Minuten das stille Kämmerlein verließ, in das er sich zurückgezogen hatte, rezitierte er jedoch:

Die Haustürklingel an der Wand,
der Mädchenbusen in der Hand,
sind beides Dinge, wohlverwandt.
Denn wenn man beide leis berührt
man innen drinnen deutlich spürt,
dass unten draußen einer steht,
der sehnsuchtsvoll um Einlass fleht.

Eigentlich lernen wir nur aus Büchern, die wir nicht beurteilen können. Der Autor eines Buches, das wir beurteilen können, müsste von uns lernen.

Ein Mann betritt die Buchhandlung und verlangt die gesammelten Werke von Goethe: "Welche Ausgabe?" fragt der Buchhändler. "Da haben Sie eigentlich Recht. Welche Ausgabe! Das kann ich mir sparen. Auf Wiedersehen!"

Bücherei auf Schwedisch? Göteborg- da wo ich mir den Goethe borg.

George Bernard Shaw (1856-1950)

Der irische Dramatiker Shaw hat prägnante Statements zu
Büchern hinterlassen.

*Der Vorteil der meisten Bücher liegt darin, dass man
ohne sie auskommen kann.*

*The man who writes about himself and his own time is
the only man who writes about all people and about all
time.*

Englischsprachiger Buch-Wortwitz

What did one book say to the other one?
I just wanted to see if we are on the same page

Why didn't the burglar break into the library?
Because he was afraid he'd get a long sentence.

Why do authors always get good marks on tests?
They know how to copy-right.

How come the librarian slipped and fell in the library?
Because she strayed into the non-friction section

What do you do if pet starts eating your library book?
Take the words right out of their mouth.

Kurt Tucholsky (1890-1935)
Der Berliner Journalist Tucholsky äußerte sich prägnant zu
Literatur und Büchern.

*Nichts ist verächtlicher, als wenn Literaten Literaten
Literaten nennen.*

*Manche Menschen lesen überhaupt keine Bücher,
sondern kritisieren sie.*

Aus dem Buch`*Weird things customers say in bookshops*´

CUSTOMER: Will you be open so that I can buy the new
Harry Potter book?
BOOKSELLER: Yep, we are having a midnight opening.
CUSTOMER: Great. What time?

CUSTOMER (to her friend): What's this literary criticism
section? Is it for books that complain about other books?

CUSTOMER: I read a book in the sixties. I don´t
remember the author or the title. Do you know which one
I mean?

CUSTOMER: I don´t know why she wants it, but my wife
asked for a copy of the Dinosaur Cookbook.
BOOKSELLER: The Dinah Shore Cookbook?
CUSTOMER: That must be it; I wondered what she was
up to.

CUSTOMER: Have you got Merry Christmas, Mr.
Lawrence?
BOOKSELLER (pulling the book off the shelf: Sure. That
will be 5.99 pounds please.
CUSTOMER: Hasn´t he written anything cheaper?

Thomas Mann (1875-1955)

Der deutsche Literaturnobelpreisträger hat interessante Einsichten zu Büchern hinterlassen.

Wir finden in den Büchern immer nur uns selbst. Komisch, dass dann allemal die Freude groß ist und wir den Autor zum Genie erklären.

Das Buch widersteht der Zeit, wenn sie nachrückend es in sich aufnimmt.

Thomas Mann kommt in die Bar und bestellt sechs doppelte Wodka. Der Barkeeper fragt:
`Hattest du einen harten Tag? ´
`Heute habe ich herausgefunden, dass mein ältester Sohn schwul ist´, sagt er und trinkt.
Am nächsten Tag kommt er wieder und bestellt erneut sechs doppelte Wodkas.
`Was ist heute los? ´, fragt der Barkeeper.
`Heute habe ich herausgefunden, dass mein anderer Sohn auch schwul ist. ´
Am dritten Tag die gleiche Szene. Wieder bestellt Thomas Mann sechs doppelte Wodkas.
Fragt der Barkeeper: `Sag mal, gibt es denn bei euch in der Familie niemanden, der auf Mädels steht? ´
`Doch´!, sagt Mann, `meine Frau.´

51

Marie von Ebner-Eschenbach (1830-1916)

Die österreichische Schriftstellerin von Ebner- Eschenbach galt als originelle Aphoristikerin. Zahlreiche Eschenbach-Zitate sind überliefert.

Dem großen Publikum ist ein Buch nicht leicht zu schlecht, sehr leicht, aber zu gut.

Die Langeweile, die in manchem Buche herrscht, gereicht ihm zum Heil; die Kritik, die schon ihren Speer erhoben hatte, schläft ein, bevor sie ihn geschleudert hat.

In einem **Buchladensketch** im Rahmen der Musiksendung `Licht aus, Spot an´ versucht ein Kunde (Dieter Hallervorden) dem Verkäufer (Ilja Richter) den Inhalt eines Buches, welches er erwerben will, zu erklären. Der Kunde bleibt so allgemein, vage und augenzwinkernd, „Ein Mann und eine Frau, er mit ihr, sie mit ihm, ja sie wissen schon...", dass der Verkäufer ratlos bleibt. Schließlich schlägt er andere Titel vor, die aber vom Kunden nicht als Titel, sondern als Aussagen verstanden und entsprechend kommentiert werden, z.B. `Der Idiot´ (Dostojewski), `Als wär´s ein Stück von mir´ (Carl Zuckmayer)...etc.

Ernest Hemingway (1899-1961)

Ein klassisches Werk ist ein Buch, das die Menschen loben, aber nie lesen.

A standard joke about American fiction is that it is divided between the `putterinners´ like Faulkner, and the taker-outters´ like Hemingway.
So is American poetry: between the «putter-inner» Whitman and the «taker-outter» Dickinson.
Long lines versus short lines. Poetry of inclusion and poetry of allusion. Poetry of abundance and poetry of measure.
Poetry of affirmation and poetry of ironic qualification. The barbarie yawp of Whitman and the chilling whisper of Dickinson. Poetry raw and poetry cooked.
Paul Dolan, American Poetry the Divided Tradition
Revista Alicantina de Estudios Ingleses 3(1990), p31-41

The most essential gift for a good writer is a built-in shock-proof shit-detector.

A visitor to a certain college paused to admire the new Hemingway Hall that had been built on campus.
"It's a pleasure to see a building named for Ernest Hemingway," he said. "Actually," said his guide, "it's named for Joshua Hemingway. No relation." The visitor was astonished. "Was Joshua Hemingway a writer, also?" "Yes, indeed," said his guide. "He wrote a check."

He has never been known to use a word that might send a reader to the dictionary.
William Faulkner (about Ernest Hemingway)
Poor Faulkner. Does he really think big emotions come from big words?
Ernest Hemingway (about William Faulkner)

53

William Shakespeare (1564-1616)

That book in many's eyes doth share the glory
That in gold clasps locks in the golden story.

Why was William Shakespeare able to write so well?
Because where there's a Will there's a way.

William Shakespeare dies and goes to heaven.
There he meets St. Peter, who asks him, "What is your name, and what were you in your past life?"
Shakespeare says, "I'm William Shakespeare, and I was a poet."
At the same time, a Scottish poet, Robbie Burns dies, and goes to heaven.
St. Paul asks him, "What is your name, and what were you in your past life"?
Burns says, "My name is Robbie Burns, and I was a poet."
St. Peter then says, "Well, we only have room for one poet in heaven, so we will have a contest. Whoever can write a better poem gets in! The topic will be Timbuktu, and you will both have one hour to complete the poems."

So after one hour, they come back, and Shakespeare goes first: "As I walk across the golden sands, as I walk across the golden land, a great big ship comes in to view, its destination Timbuktu."

St. Peter says, "Okay, now we will hear Burns's poem."

Burns says, "As Tim and I awalking went, we saw three damsels by a tent, as they were three and we were two, I bucked one and Tim bucked two!"

54

Russische Schriftsteller

Two forces are successfully influencing the education of a cultivated man: art and science. Both are united in the book.
Maxim Gorki (1868-1936)

Schnelligkeit ist notwendig, um Flöhe zu fangen, aber nicht, um Bücher zu schreiben.
Michail Scholochow

Russische Klassiker

Ein Schüler fragt seine Mutter: `Warum werden Tolstoi, Puschkin, Lermontow und Tschechow Klassiker genannt´? `Weil sie alle in eine Klasse gingen´.
(Im Russischen, `klass´ als spezielle Unterrichtsform, welche die 4 Klassiker durchlaufen haben.).

☞ **Im Englischen taucht in Webartikeln über Nikolai Gogol gelegentlich die Überschrift `Gogol, not Google´ auf, um Missverständnisse zu vermeiden.**

In Kiew gab es einst eine Buchhandlung ‚Kabinett für das Lesen der russischen Literatur'. Der Besitzer Pawel Dolshikow, ein pensionierter Kapitän, hatte das Schaufenster mit einem Eber dekoriert. Als sich Gogol 1848 einige Tage in Kiew aufhielt, träumte Dolshikow davon, den berühmten Schriftsteller als Gast zu haben. Als Gogol durch die Straßen spazierte, fing es plötzlich an zu regnen und der Schriftsteller suchte Schutz in Dolshikows Buchladen. Dieser erkannte ihn nicht und meinte missmutig, ‚*der Laden ist Ihnen keine Schenke*'. Gogol antwortete: „*Jetzt verstehe ich, warum bei Ihnen im Schaufenster ein Eber steht, das sind Sie selber*' und ging von dannen. Als Dolshikow erfuhr, wen er da zu Gast hatte, raufte er sich die Haare.

55

Klassiker: Goethe und Schiller

*Goethes Werke werden mindestens zweimal im Jahr
vom Staubtuch der deutschen Familie in die Hand
genommen.*
Elmar Kupke (*1942)

Goethe und Schiller-Witze

Schiller fragt Goethe: "Meine Gedichte werden so wenig
gelesen. Soll ich mehr Feuer in meine Verse legen?"
Darauf kommt ein Brief von Goethe zurück: "Umgekehrt,
mein Lieber, umgekehrt."

Goethe sprach zu Schiller, `mein Arsch ist keine Triller´!
Schiller sprach zu Goethe `mein Arsch ist keine Flöte´.

Zur Weihnachtszeit: "Ich werde meinem Mann Goethe
und Schiller schenken, und zwar in Leder."
"Sehr vernünftig", nickt die Freundin, "die gehen ja auch
nicht so leicht kaputt wie die aus Gips."

Der Lehrer fragt die Schüler nach berühmten Dichtern.
Da werden Goethe, Schiller und andere aufgezählt.
Schließlich meldet sich Fritzchen und sagt: "Ich kenne
noch einen: Achilles!" Darauf der Lehrer: "Wie kommst
Du denn darauf? Das ist doch kein Dichter!" Fritzchen:
"Aber der ist doch durch seine Ferse bekannt geworden!"

☞ Goethe war Hesse, Hesse Schwabe.

Über die Schwaben dichtete der Kunsthistoriker Paulus:

*Der Schelling und der Hegel,
der Schiller und der Hauff,
das ist bei uns die Regel,
das fällt hier gar nicht auf.*
Eduard Paulus (Stuttgart, 1837-1907)

Ostfriesen und Bücher

Otto Waalkes und sein Gagschreiberteam von der Neuen Frankfurter Schule haben im *Buch Otto* (1980) zwei zeitlose Buchwitze hinterlassen:

'Von Büchern wie diesen sollte es Hunderte geben. Leider gibt es davon Tausende.'

`Ein Buch mit Niveau. Man weiß nie, wo man es verstecken soll, wenn Gäste kommen´

Und weitere Otto-Gags zum Thema Buch:

Buchhändler zum Kunden: "Du kaufst mir jetzt den Simmel ab, sonst schneid ich dir den ......"

Sie kaufen Günter Grass, sonst setzt es was!
Sie kaufen Hermann Hesse, sonst gibt´s was in die Fresse!

Ostfriesenwitze zum Thema Buch:

Gestern schloss die Ostfriesische Landesbibliothek. Das Buch wurde geklaut.

Nach sechs Jahren hat sich ein Ostfriese in der Stadtbibliothek von Bern die Ausleihfrist für das Buch ´Wie lerne ich schneller lesen´ verlängern lassen.

Eine Ostfriesin kommt in eine Buchhandlung und sagt: "Ich möchte gern einen Globus von Ostfriesland."

Buchläden

Den vornehmen Buchladen betritt das Volk wie die Apotheke nur im äußersten Notfall.
Karl Bücher (1847-1930, dt. Nationalökonom)

A woman walks into a bookshop als Variante von `a man walks into a bar´:

A woman walks into a bookshop and says to the assistant at the counter "Where would I find 'War and Peace'?". The assistant replies "The military section is just over there and beyond that you'll find Cookery and Gardening where there's bound to be something on peas."

A woman walks into a bookshop and sees an empty shelf. On close inspection she sees the label underneath saying "Works by Honest Politicians"

A woman walks into a bookshop and asks an assistant "Do you have 'The mysterious secrets of levitation'?" The assistant replies "It's on the top of that bookcase but don't ask me how it got there"

A woman walks into a bookshop, siehe auch

http://www.carlfrench.co.uk/carlfrench/fun/

Bibliotheken

Bücher haben Ehrgefühl. Wenn man sie verleiht, kommen sie nicht wieder zurück.
Theodor Fontane

A man walks into a library and asks the assistant:
'Do you have any books on suicide? '. No chance', says the librarian, 'You won´t bring it back!'

Bibliotheken rechnen sich nicht, aber sie zahlen sich aus. Unbekannt.

Whenever you are looking for an important book it's always out of stock.
However, if you you are looking for an indispensable book, then it's out of print.
The thinnest books have the longest catalogue numbers.
In any library, there is only one person who knows where all the books are. Find them before their boss fires them.

In any library, the helpfulness of any member of staff is inversely proportional to the number of pens in that person's pocket.

The student with the most overdue books fails the course.

Quelle: www.guy-sports.com

Das Paradies habe ich mir immer als eine Art Bibliothek vorgestellt.
Jorge Luis Borges (1899-1986)

Do you know how many librarians it takes to screw in a light bulb? No, but I know where you can look it up!

Herausgeber

Great editors do not discover nor produce great authors;
great authors create and produce great publishers.
John Farrar

Glühbirnen auswechseln/to change a lightbulb

How many publishers does it take to screw in a light bulb?
Three. One to screw it in. Two to hold down the author.

"Ein Schriftsteller ist gestorben und kommt ans
Himmelstor. Dort wartet schon Petrus auf ihn und sagt:
"Gratuliere, Sie sind fürs Schriftstellerparadies
vorgesehen. Wollen Sie es vielleicht besichtigen?"
"Gern," sagt der Verstorbene, und Petrus führt ihn zu
einem Guckloch. Dahinter sieht es so aus:
Die Dichter sitzen auf feurigen Stühlen vor rot glühenden
Tastaturen, bei jedem Buchstaben, den sie tippen,
verbrennen sie sich die Finger, und sie jammern und
klagen und raufen sich die Haare.
"Wenn das das Paradies ist," meint der tote Schriftsteller,
"dann möchte ich doch gern mal die Hölle sehen."
"Ganz wie Sie wünschen," sagt Petrus. Die beiden fahren
mit dem Aufzug eine Million Stockwerke nach unten und
landen in der Schriftstellerhölle. Und die sieht so aus:
Die Dichter sitzen auf feurigen Stühlen vor rotglühenden
Tastaturen, bei jedem Buchstaben, den sie tippen,
verbrennen sie sich die Finger, und sie jammern und
klagen und raufen sich die Haare. Alles ist so wie im
Himmel. "Wo ist denn bitte der Unterschied?", erkundigt
sich der Schriftsteller.
"Ganz einfach", antwortet Petrus. "Die hier unten finden
keinen Verleger."

Bücherverbrennung

Dort wo man Bücher verbrennt, verbrennt man am Ende auch Menschen.
Heinrich Heine

> `Kennen Sie Rainer Maria Rilke? ´
> `Ja, alle drei´

Every burned book enlightens the world.
Ralph Waldo Emerson.

Seit es Bücher gibt, werden Bücher verbrannt.
Erich Kästner

> **Hinz kam zu Kunz um Rats gelaufen.**
> **"Was schenkt ein Vater seinem Sohn?"**
> **Kunz schlug ihm vor, ein Buch zu kaufen.**
> **"Ein Buch? Ach nein, das hat er schon."**
> *Erich Kästner*

There are worse crimes than burning books. One of them is not reading them.
Joseph Brodsky

> ☞ Der Roman **Fahrenheit 451** (1953) von Ray Bradbury *spielt im Titel auf die Selbstentzündungstemperatur von Papier an (451 F oder 223 C).*

Nautik

Ein Buch muss die Axt sein für das gefrorene Meer in uns.
Franz Kafka

Books are lighthouses erected in the great sea of time.
Edwin P. Whipple

Nautische Buchhandels-Regel:
Auch Bücher ohne Tiefgang können hohe Wellen
schlagen.
Karlheinz Karius

Doch hängt mein ganzes Herz an dir,

Du graue Stadt am Meer;

Der Jugend Zauber für und für

Ruht lächelnd doch auf dir, auf dir,

Du graue Stadt am Meer.

Letzte Strophe des Gedichts `die Stadt´, von Theodor
Storm (Husum)

Ein Tourist will an einem Kiosk in Husum ein Buch
mit dem Gedicht `Die Stadt´ kaufen. Darauf der
Kioskbesitzer: `Wir haben hier eine stormfreie Bude´.

Die Hausbibliothek

Your library is your portrait.
Holbrook Jackson

*Auch den Möbelpackern sind Leute, die Bücher lesen,
zuwider. Aber sie haben wenigstens einen guten Grund
dafür.*

Gabriel Laub

Buchladensketch
Gerhard Polt, *Fast wia im richtigen Leben*, Folge 9,
Szene 3 `Im Buchladen´ (1980).
Der etwas unbeholfene Protagonist (Gerhard Polt)
betritt einen Buchladen, um für den Geburtstag eines
Cousins ein Buch zu erwerben.

Auszug

*„Es soll was Repräsentatives sein. Also der Aloisi ist
altdeutsch eingerichtet. Wenn man beim Aloisi
hereinkommt, dann kommt man durch die Diele
herein. Dass man das Buch auf den Tisch legen kann
oder wenn man Kaffee trinkt, dass man es dann auch
sieht. Verstehen Sie?"*
*„Ja, da hätte ich hier etwas ganz Anderes, das ist
eine Ausgabe von Immanuel Kant, also mit 1300
Seiten durchaus ein Buch, das Niveau verbreitet und
das auch sofort zeigt, in welcher Art der Haushaltung
man sich da befindet."....*
*„Nein, vielleicht haben Sie doch etwas anderes,
vielleicht ein Tierbuch, aber genauso schwer und
auch so einen braunen Einband.."*

63

Die besten Seiten eines Buches

There are books of which the backs and covers are by far the best parts.
Charles Dickens

Auch das schlechteste Buch hat eine gute Seite: die letzte.
John James Osborne

Im englischen `**Economy Bookstore Sketch**´ (geschrieben und gespielt von Dave Beeler und Tom Konkle) beklagt sich ein Kunde, dass in dem Buch, welches er gekauft hatte, etliche Seiten fehlen.

`I purchased a copy of Robinson Crusoe in here yesterday 9:17 and when I got it home, I realized that it had only pages 75 through 89 in it´.
`Well pages 75 to 89 are the best pages in the book´
`This may well be true but why would you sell me a book with only those pages in it´ But this is the Economy bookstore. We sell the finest stories told economically by personally removing certain pages, sections or indeed chapters, we are able to offer timeless literature at economy prices. Look that´s ridiculous, what´s the appeal in that? `Oh I seem to remember you finding the prices of our books appealing, as I recall´ `Oh yes, the prices, they were enticingly cheap, but you didn´t mention that there were pages removed´. `Why would we? The flavour of the book is preserved with the finest quality cover easily visible on your bookshelf.´ `I didn´t buy the book for someone to see it on my shelf, I bought it actually to read it´... `You bought these classics actually to read it?. Most people don´t read the classics these days.

64

Bestseller

Literatur beginnt jenseits der Bestsellerliste.
Wolfram Siebeck (1928-2016)

A best seller is the golden touch of mediocre talent
Logan Pearsall Smith

Bestseller = Bücher, die von vielen Leuten gelesen werden. Aber nicht persönlich.
Danny Kaye

Zu einem Bestseller kommt man wie die Jungfrau zum Kind. Aber man muss empfangsbereit sein.
Heinrich-Maria Ledig-Rowohlt

☞ **Worstseller**
Worstseller sind Bücher, die sich schlecht verkaufen und es dennoch verdienen (besser verkauft zu werden).
Der Diogenes Verlag stellte 2006 eine Worstsellerliste der von ihm verlegten Bücher auf.

Kochbücher

Streng genommen hat nur eine Sorte Bücher das Glück unserer Erde vermehrt: die Kochbücher.
Joseph Conrad

Un livre de cuisine, ce nest pas un livre de dépenses, mais un livre de recettes.
Sacha Guitry

Beim Bordeaux bedenkt, beim Burgunder bespricht, beim Champagner begeht man Torheiten.

Gelesen in einem ostfriesischen Kochbuch: Gedämpfter Beifall, Ausgekochte Halunken, Abgebrühte Ganoven, Saure Mienen, Gewürzte Reden, Gepfefferte Rechnungen, Gesalzene Preise.

Ein mittelmäßiger Schriftsteller erzählt: `Endlich habe ich das befriedigende Gefühl zu wissen, dass das, was ich schreibe, mit größter Aufmerksamkeit gelesen wird´. `Sie schreiben noch immer Romane´? `Nein, ich redigiere die Speisekarte eines Feinschmeckerrestaurants´.

Laster

Beim Schreiben ist es wie bei der Prostitution. Zuerst macht man es aus Liebe, dann für ein paar Freunde und schließlich für Geld.
Jean Baptiste Molière

Le livre est l'opium de l'Occident.
Anatole France

> A student walks into a bookstore. "This book will do half the job for you," the clerk says. "Good, I will have two, " the student replies.

> Ich habe einmal einen Kurs in Schnell-Lesen gemacht und `Krieg und Frieden´ in zwanzig Minuten gelesen. Es spielt in Russland.
>
> Woody Allen.

> Der Buchhändler K. Lauer:
>
> Goethe schillert, Schiller geht.
>
> Brecht! Sage ich nur.
>
> Grass formuliert, dieses Gedicht
>
> Französische Literatur verkauft sich zoZolala. Aragonwöhnisch wird man jedoch, was die Dichtung betrifft,
>
> Mein Shakespeare ist das nicht.

Verfilmung

Bildung kommt von Bildschirm, käme es von Buch, hieße es ja Buchung.
Dieter Hildebrandt

Never judge a book by its movie.
JW Eagan

How many science fiction writers does it take to change a light bulb?

Two, but it's actually the same person doing it. He went back in time and met himself in the doorway and then the first one sat on the other one's shoulder so that they were able to reach it. Then a major time paradox occurred and the entire room, light bulb, changer and all was blown out of existence. They co-existed in a parallel universe, though.

How many mystery writers does it take to screw in a light bulb?
Two. One to screw it almost all the way in, and the other to give it a surprising twist at the end.

How many screenwriters does it take to screw in a light bulb?
Why does it *have* to be changed?

68

Deutsche Sprichworte

Es würden weniger schlechte Bücher geschrieben,
wenn mehr gute gelesen würden.

In schönen Büchern blättert man gerne.

Das hessische Humorduo *Badesalz* hat im Rahmen
einer TV-Sketchreihe Ende der 1990er Jahre den
Sketch `Proleten im Buchladen´ gedreht.

Zwei krawallige Prolls betreten einen Buchladen und
verhalten sich relativ unverschämt und unwissend,
was die Gepflogenheiten des Erwerbs eines Buches
betrifft. Schließlich beschreibt einer der beiden sein
Wunschbuch, welches er für seine Freundin erwerben
will, folgendermaßen:

„In dem Buch, was ich such, na, da muss Folgendes
vorkommen. Da muss jemand auf der Suche nach
Irgendwas sein, was weiß ich nach was, ist ja auch
egal ob er das findet, nicht wichtig. Man muss dann
der Person muss man folgen können, bis zur Mitte im
Buch, da wird man dann verwirrt, blickt nicht mehr
so richtig durch, dann gibt´s im mittleren Teil zwei
oder drei Ebenen, können auch vier oder fünf sein.
Aber was ganz wichtig ist, das Buch muss ein offenes
Ende haben...“

In der Kürze liegt die Würze.

☞ **Im Kürzel** (des Autors) **liegt** (manchmal) **die Würzel**
(des Erfolgs).

69

Nordeuropäische Sprichworte und Redensarten

Ein Mensch ohne Buch ist blind.
Isländisches Sprichwort

Lieber barfuß als ohne Buch
Isländisches Sprichwort

Beurteile ein Buch nicht nach seinem Umschlag
Finnische Redensart

Bibliotheks-Sketch

In diesem britischen Sketch mit Hugh Laurie und Stephen Fry der zwischen 1987 und 1995 ausgestrahlten Serie `A Bit of Fry & Laurie´, scheint nicht der Kunde, sondern das Bibliothekspersonal einem Alptraum entsprungen.

Der Bibliothekskunde fragt die Bibliothekarin, ob ein Buch, welches er in der Sportabteilung nicht gefunden hätte, vorhanden wäre. Er nennt den Titel und den Autor (Ted Cunterblast, The West Indies. A Nation of Cricketers). Die Bibliothekarin meint, es müsste in der Sportabteilung zu finden sein. Doch da war er gerade. Und wie heißt der Autor, fragt sie. Er wiederholt. Sie findet den Titel in der Datei. Dann meint sie, es sei von Ted Cunterblast. Er meint, das wüsste er, aber seine Frage wäre, ob das Buch vorrätig sei. `Anscheinend´, antwortet sie und zieht es unter einer Ablage hervor. Er bedankt sich, muss aber feststellen, dass das Buch, scheinbar mit der Schere bearbeitet, nur aus Papierschnipseln besteht. Da fehlt was, meint er. Darauf sie. Haben Sie das Buch vorher gelesen? Er antwortet mit Nein. Darauf sie `und wie wissen sie dann, ob etwas fehlt?´

Englische Sprichworte

A good book is the best of friends.

What the British say	What the British mean	What others understand
I hear what you say	I disagree and don´t want to discuss it any further	He accepts my point of view.
With the greatest respect	I think you are an idiot	He is listening to me.
That´s not bad	That´s good	That´s poor
That is a very brave proposal	You are insane	He thinks I have courage
Quite good	A bit disappointing.	Quite good.
I would suggest…	Do it or be prepared to justify yourself	Think about the idea but do what you like.
Oh incidentally/by the way	The primary purpose of our discussion is	That is not very important.
I was a bit disappointed that	I am annoyed by that	It doesn´t really matter.
Very interesting	That is clerarly nonsense	They are impressed.
I´ll bear that in mind	I´ve forgotten it already	They will probably do it
I´m sure it is my fault	It´s your fault	Why do they think it was their fault?
You must come for dinner	It´s not an invitation. I am just being polite.	I will get an invitation soon
I almost agree	I don´t agree at all.	He´s not far from agreement.
I only have a few minor comments	Please re-write completely.	He has found a few typos.
Could we consider other options	I don´t like your idea.	They have not yet decided.

Quelle: BBC America

71

Südeuropäische Sprichworte

Bücher und Freunde sollte man wenige und gute haben.
Spanisches Sprichwort

Buchladensketch
Im TV-Sketch ʻHochgeistige Literaturʼ hat
Loriot offensichtlich ein Kursbuch der DB in der Hand.

„Ich darf Ihnen aus der Fülle der Neuerscheinungen ein wesentliches Werk herausgreifen Hier werden Dinge in einer Eindringlichkeit und Präzision beschrieben, die bisher in der deutschen schöngeistigen Literatur nicht zu finden waren. Der Autor zieht es vor, anonym zu bleiben. Das überrascht, denn bei aller Offenheit zeigt das Werk eine ungewöhnliche Reinheit der Sprache und man sollte nicht zögern, es gerade der heranreifenden Jugend in die Hände zu legen, um sie mit den ganz natürlichen Vorgängen des Lebens vertraut zu machen. Keine deutsche Fernsehanstalt hat es bisher gewagt, eine Leseprobe der mit Unrecht umstrittenen Stellen zuzulassen. Aber bitte urteilen sie selbst. Ich beginne auf Seite 294. Germersheim ab 12:36, Westheim 12:42, Hamsted an 12:46. Schon diese Stelle ist ein kleines Meisterwerk, ein nur scha(r)mloses, äh harmloses Zeugnis für die bestürzende Sachkenntnis des Verfassers. Und kurz darauf steigert sich das Werk zu einem seiner vielen dramatischen Höhepunkte. Landau ab 10:28, Annweiler an 13:13; Pirmasens 13:44. Das ist fein beobachtet. Mit den Worten ʻIn Saarbrücken Hauptbahnhof kann mit Anschluss nicht gerechnet werdenʼ schließt dieses Werk. Es sollte in keinem deutschen Bücherschrank fehlen“...

72

Chinesische Sprichworte

Ein Buch zum ersten Mal lesen, heißt einen neuen Freund zu finden, es ein zweites Mal zu lesen, heißt einem alten Freund zu begegnen.

Ein Buch ist wie ein Garten, den man in seiner Tasche trägt.

Hast du drei Tage kein Buch gelesen, werden deine Worte seicht.

Selbst ein Haufen Bücher ersetzt nicht einen guten Lehrer.

Ein nicht zu Ende gelesenes Buch gleicht einem nicht zu Ende gegangenen Weg.

Buchladensketch. In Folge 7 von Staffel 6 (2007) von Anke Engelkes Ladykracher gibt es einen Buchsketch. Eine Kundin spricht die Verkäuferin an, sie hätte vor zwei Wochen ein Buch erworben und es bereits zu lesen angefangen, doch irgendwas würde im Buch nicht stimmen, der Inhalt wäre völlig unlogisch, die Hauptfigur völlig daneben und man wisse überhaupt nicht, was das solle. Die Verkäuferin schaut sich das Buch an und bestätigt, dass die Geschichte völlig wirr und die Hauptfigur ganz flach wäre. Sie schlägt vor, den Autor zu fragen, der zufällig im Buchladen arbeitet. Dieser ist gutaussehend, hat einen englischen Akzent und ist bereit, sein Buch auf die Vor-würfe zu prüfen. Er bestätigt, dass das Buch schlecht, unlogisch und ziem-lich langweilig wäre. Die Leserin versucht ihn damit zu trösten, dass es vielleicht an der Übersetzung läge. Er meint, die Übersetzerin wäre gut, er wisse aber, woran es läge. Nun sind die beiden gespannt. Er erklärt, dass er glaubt, es wäre einfach ein `Scheiss-Buch´. Als sie fragen, woran das liege, meint er (tautologisch), dass er einfach kein Talent als Autor hätte. Die Kundin ist´s dennoch zufrieden und lässt sich das Buch signieren.

Arabische Sprichworte

He who lends a book is an idiot. He who returns the book is more of an idiot.

Egyptians write, Lebanese publish, Iraqis read.

Buchladensketch
In der britischen TV-Serie the Mermaid Frolics (1977) spielt John Cleese (Mitglied der Komikertruppe Monty Python) mit Connie Booth einen Buchladensketch. Im deutschen Fernsehen gab es später in der Comedyserie Harald& Eddie eine Version mit Harald Juhnke und Eddie Arent.

In diesem Buchladensketch scheint der Kunde direkt den Alpträumen eines Buchverkäufers entsprungen zu sein. Zuerst traktiert er den Verkäufer mit unmöglichen Buchtiteln (`Dreißig Tage mit einem Löffel durch die Wüste Gobi'), die dieser kaum kennen oder vorrätig haben kann. Dann erwähnt er Titel, die bekannt klingen (`Sauberberg', Buddenbroots), aber, weil nur mit einem p oder mit s statt z, zur Verwirrung des Verkäufers nicht vom berühmten Autor, sondern einem unbekannteren Autor (Paul Brandt) geschrieben wurden. Als der Verkäufer immer genervter meint, nein, solche Bücher habe er nicht, erwähnt der Kunde schließlich ein Buch, welches im Laden vorrätig ist, `Ohlsen-Standardbuch der deutschen Vögel'. Allerdings mag er die darin vorkommende Bachstelze nicht und will eine Version ohne Bachstelze. Der Verkäufer reißt die Seite mit der Bachstelze raus. Rotkehlchen mag er auch nicht. Der Verkäufer reißt auch diese Seite raus`- jetzt haben sie eine Ausgabe ohne Rotkehlchen und Bachstelze. Der Kunde jetzt 'Das nehm ich nicht mehr, das ist beschädigt'. Endlich findet sich ein anderes Buch, welches der Kunde haben möchte. Aber er hat kein Geld dabei. Der Verkäufer nimmt in seiner Verzweiflung Geld aus der Kasse und kauft es ihm. Der Kunde meint, er könne es trotzdem nicht kaufen. Warum? Er kann gar nicht lesen. Schließlich macht sich der Verkäufer daran, es ihm vorzulesen.

Qualität von Büchern

*Die besten Bücher sind die, von denen der Leser meint,
er hätte sie selbst machen können.*
Blaise Pascal

Du öffnest die Bücher und sie öffnen dich.
Tschingis Aitmatov

Die Villanova University gibt folgende 39 Tipps für gutes English.

1. Avoid alliteration. Always.
2. Never use a long word when a diminutive one will do.
3. Employ the vernacular.
4. Eschew ampersands & abbreviations, etc.
5. Parenthetical remarks (however relevant) are unnecessary.
6. Remember to never split an infinitive.
7. Contractions aren't necessary.
8. Foreign words and phrases are not apropos.
9. One should never generalize.
10. Eliminate quotations. As Ralph Waldo Emerson said, "I hate quotations. Tell me what you know."
11. Comparisons are as bad as clichés.
12. Don't be redundant; don't use more words than necessary; it's highly superfluous.
13. Be more or less specific.
14. Understatement is always best.
15. One-word sentences? Eliminate.
16. Analogies in writing are like feathers on a snake.
17. The passive voice is to be avoided.
18. Go around the barn at high noon to avoid colloquialisms.
19. Even if a mixed metaphor sings, it should be derailed.
20. Who needs rhetorical questions?

Gute Bücher

In einem guten Buche stehen mehr Wahrheiten,
als sein Verfasser hineinzuschreiben meinte.
Marie von Ebner-Eschenbach

Für den Leser ist ein gutes Buch das billigste Hobby,
für den Schriftsteller – das teuerste.
Gabriel Laub

Die Villanova University gibt folgende 39 Tipps für gutes English (Fortsetzung)

21. Exaggeration is a billion times worse than understatement.
22. Don't never use a double negation.
23. capitalize every sentence and remember always end it with point
24. Do not put statements in the negative form.
25. Verbs have to agree with their subjects.
26. Proofread carefully to see if you words out.
27. If you reread your work, you can find on rereading a great deal of repetition can be avoided by rereading and editing.
28. A writer must not shift your point of view.
29. And don't start a sentence with a conjunction. (Remember, too, a preposition is a terrible word to end a sentence with.)
30. Don't overuse exclamation marks!!
31. Place pronouns as close as possible, especially in long sentences, as of 10 or more words, to the irantecedents.
32. Writing carefully, dangling participles must be avoided.
33. If any word is improper at the end of a sentence, a linking verb is.
34. Take the bull by the hand and avoid mixing metaphors.
35. Avoid trendy locutions that sound flaky.
36. Everyone should be careful to use a singular pronoun with singular nouns in their writing.
37. Always pick on the correct idiom.
38. The adverb always follows the verb.

39. Last but not least, avoid clichés like the plague; They're old hat; seek viable alternatives.

4. Buchkritik

25 Zitate und etliche vom Autor entwickelte Beispiele, wie man verschiedene Aspekte eines Buches humoristisch kritisieren könnte.

Die Kritik gleicht einer Bürste. Bei allzu leichtem Stoff darf man sie nicht verwenden, sonst bleibt nichts übrig.
Honoré de Balzac (1799-1850)

☞Wie man ein neues Buch allgemein kritisieren könnte:

Den Autor kann man nicht in eine Schublade stecken, das Buch sollte man.

Kaum ein Leser wird über dieses Buch stolpern, wohl aber der Autor.

Das Buch braucht sich vor anderen Neuerscheinungen nicht zu verstecken - schön, wenn es das trotzdem täte.

Bei diesem Buch werden nicht die Absätze davonlaufen, sondern die Leser.

Wie immer gilt: die meisten Werke sind keine Meisterwerke. Das Buch gehört zu den großen Zwergen der Weltliteratur. Kein Meilenstein, sondern ein Mühlstein der Literatur.

Der Autor vertieft das Thema so sehr, dass er es versenkt. Mit dem Buch in fremde Gedankenwelten eintauchen? Nein, dazu taucht es nicht.

Das ist kein fesselndes Buch, sondern ein faselndes Buch. Der Autor tappt in die Falle, zu schreiben, dass es den Lesern gefalle.
Diese Hudelei wird keine Lobhudelei erfahren.

Keiner wird sich nach dem Buch verzehren. Eine Buch-stabensuppe bietet ähnliche Letternkombinationen, ist aber nahrhafter.

Das Buch gehört in keinen Kanon. Denn es ist unter aller Kanone.

Der Ungebildete ist ein Mensch,
der oft ein schlechtes Buch für gut hält.
Der Gebildete ist ein Mensch,
der genauso oft ein gutes Buch für schlecht hält.
Robert W. Lynd (1879-1949)

✂♟ Wie man ein Manuskript kritisieren könnte:

Der Autor schrieb es mit einer Sauklaue, damit es keine Sau klaue.

Das Manuskript sieht aus wie geschmiert, aber es sieht nicht so aus, dass die Absätze entsprechend laufen.

Die (Computer-) Maus kreiste und gebar einen Berg Papier.

Er tippte, dass es ein Erfolg würde.

Das Manuskript trägt leider die Handschrift des Autors.

Beim Verfassen hatte er wohl einen Kuli an der Hand.

Der Mangel des Manuskripts sind seine Mängel.

Statt von links nach rechts schreibt er recht linkisch.

Der Autor schreibt noch von Hand in DIN A-4-Hefte,
ein DIN-A-Saurier also.

Der Autor ist ein Zeiltänzer.

**Das Manuskript hat eines mit einem guten Buch gemein -
man sollte es niemals verlegen.**

Besser die Leute reden einen tot, als sie schweigen einen tot.
Oscar Wilde (1854-1900)

✂ Wie man den Preis eines Buches bemängeln könnte:

Der einzige Witz des Buches ist der Preis.

Diese Ausgabe kann man sich sparen.

Früher traf einen ein solcher Preis in(s) Mark.

Der einzige Preis, den das Buch jemals bekommen wird, steht auf der Rückseite des Buches.

Der hohe Preis scheint dem Autor recht und billig zu sein. Soll man diesen Preis preisen?

Der Preis ist nicht heiß, sondern high.

Dieser Preis ist nur recht und billig.

Das Buch gehört zur Horrorliteratur – zumindest was den Preis betrifft.

Bei diesem nur durchschnittlichen Buch sollte der Preis entsprechend 08.15 betragen.

Der Preis von 10 Euro ist ok - wenn dabei nichts für den Autor übrigbleibt.

Der Preis kann nicht niedrig genug sein, denn eigentlich müsste der Leser Schmerzensgeld bekommen.

Das E-Book ist billiger als die Papierausgabe, obwohl es eine wertvolle Zusatzfunktion hat - die Löschtaste.

Das Buch bietet ein gutes Preis-Leidensverhältnis.

Was sich hinter all dem verbirgt, ist nichts anderes als die
Angst des Handke beim Erzählen.
Marcel Reich-Ranicki über Peter Handke

♟ Wie könnte man gegen einen Autor giften?

Eselsohren wird man im Buch nicht finden. Höchstens am Kopf
des Autors.

Unbedingt zugreifen - wenn sie den Autor am Hals (erwischt)
haben.

Der Autor scheint mit seinen Ecken und Kanten ein Tor zu sein
und hat mit diesem Buch ein Eigentor produziert.

Da ihm nichts einfällt, hätte er Architekt werden sollen.

Mit diesem Buch beschreibt der Autor seinen eigenen Weg.
Weg vom Fenster.
Dennoch verkauft sich der Autor besser als sein Buch.

Wir schrieben: der Autor hätte einen einzigen Bestseller.
Richtig muss es heißen: er hat einen einzigen Besteller.

Nachdem die Umsätze nicht durch die Decke gehen, strecken
sich Autor und Verlag nach der Decke. Deshalb sollte man das
Buch unter einer Decke lesen- mit ausgeschalteter
Taschenlampe.

Der Autor war ein Tor, so einen Torso zu hinterlassen.

Das Buchprojekt war für den Autor eine wichtige Aufgabe.
Noch wichtiger wäre seine Aufgabe gewesen.☺

81

Kritiker zum Schriftsteller: `Ich habe ihr Buch gelesen. ´`Das letzte?´. `Hoffe ich doch´.
Unbekannt

✄ Wie könnte man den Inhalt eines Buches kritisieren?

Ein Mehlodram, ein Blätterteig, man sucht den Satz im Silbensee.

Kopflastige Texte, im Wolkenzuklugsheim erdacht. Der Inhalt ist schlicht und ergreifend schlecht und ergeifernd.´ Und weiter:

Was den Inhalt betrifft, hätte der Autor besser ein bisschen innegehalten.

Es fehlt ein Strang an welchem man die Handlung aufhängen könnte - und den Autor.

Das Buch hat nie wo Niveau. Das Buch enthält ein Kaleidöskopp langweiliger Menschen.

Ein Nadel- und Faden-Buch. Es wurde mit heißer Nadel gestrickt, hat aber keinen Faden, und gehört deshalb zu den faden Büchern.

Bei diesem Buch kann man nicht von Qualität sprechen, sondern von Quälität.

Endlich ist der Text publiziert worden. So ein Buch hat uns gerade noch gefehlt.

Dass der Autor bisher nur einen Band veröffentlicht hat, spricht Bände.

Das Buch fängt schwach an, lässt dann aber stark nach. ☺

Kritiker sind wie Eunuchen. Sie wissen wie´s geht,
sie können´s aber nicht.
Siegfried Lowitz (1914-1999)

✍ Was könnte ein Kritiker über ein dünnes Buch sagen?

Der Autor hat ein gutes Händchen, für sch(m)ale Bändchen. Der heutige Leser hat ohnehin keinen Magen für eine Schwarte.

Je heftiger der Autor kürzte, desto heftiger wurde das Buch.

Die Darstellung im Buch ist leider einseitig. Leider ist sie nicht ein-seitig.

Weil das Büchlein sehr dünn ist, kann man es leicht zerreißen.

Der Leser wird mit dem zarten Bändchen kaum zarte Bande schließen.

Ob das Buch handlich ist, wissen wir nicht. Es hat kein Format.

Das Buch ist ein Taschenbuch und in der Tasche sollte man es auch lassen.

Durch das handliche Format kann man das Buch überall hin mitnehmen. Aber was soll man dort damit machen?

Es ist handlich und dennoch ein Nachschlagewerk – was Fliegen betrifft.

Durch das handliche Pocket-Format passt das Buch in jeden Papierkorb.☺

Man kann alles besser machen, aber deshalb sollte man nicht alles schlecht machen.
Frank Elstner

✂ Wie könnte man einzelne Elemente eines Buches kritisieren?

Die Kapitel sind nicht gerade das Kapital des Buches.

Das Buch hat eine lange Einleitung.

Die läppischen Stellen läppern sich zusammen.

Für den Klappentext bräuchte es einen knappen Text.

Man hofft, das letzte Geleitwort zu lesen.

Einen Hang zum Anhang hängt dem Verfasser an.
Die Register seiner Bücher sind immer sehr ausführlich. Dafür zieht der Autor alle Register.

Das Buch ist in kleiner Schriftgröße gedruckt. Wohl weil es immer heißt, man soll das Kleingedruckte lesen.

Der Aufbau ist etwas chaotisch. Das einzige, was Orientierung bietet, sind die in aufsteigender Reihen-folge geordneten Seitenzahlen. Gott sei Dank gibt es nicht zu viele davon.

Das Buch mit den fakesten Fakten. Die Aufzählungen im Buch sind sehr listig.

Statt es solide binden zu lassen, ist der Autor den Herstellern auf den Leim gegangen. ☹

Mein Herr, Ihr Stil ist flüssig, Ihr Buch aber über-flüssig.
Gottfried Keller (1819-90)

✍ Wie der Schreibstil kritisiert werden könnte:

Der Verfasser hat das Buch aus dem Bauch heraus geschrieben und zuvor wohl eine Buchstabensuppe gegessen. Der Autor hätte den Löffel, statt einzutauchen, abgeben sollen:

Der Autor ringt mit den Worten, bis der Stil auf der Matte bleibt.

Dem Autor gelingt es glänzend, mit diesem Buch nicht zu glänzen.

Er hat den Text wohl durch die Prosa-Brille gesehen.

Durch mehr graue Zellen wären solch grausige Zeilen vermieden worden. Der Text ist eher dröge als eine Droge.

Das Buch bräuchte einen ganzen Satz guter Sätze, dann würde der Umsatz einen Satz machen.

Diesen Furz sollte man nicht auf der Lunge zergehen lassen.

Der Leser wird vom Inhalt nicht aufgewühlt, sondern höchstens das Buch auf Tiefpreis-Grabbeltischen.

Er hat keine lockere Schreibe, sondern Schraube.☺

This is not a novel to be tossed aside lightly. It should be thrown with great force.
Dorothy Parker (1893-1967)

✄ Wie könnte man sich skeptisch zu den Marktchancen eines Buches äußern?

Das Buch lässt sich wahrscheinlich nur über Schund zu Schund-Propaganda verbreiten.

Der Überraschungsmißerfolg des Jahres. Dass dieses Buch eine Marktlücke schließt ist eher eine Marktlüge.

Weil die Umsätze nicht durch die Decke gehen, ging der Verleger an die Decke, steckt jetzt jedoch mit dem Autor unter einer solchen, weil sich jetzt beide nach der Decke strecken müssen.

Vor diesem Ladenhüter sollte man auf der Hut sein, denn seinen Inhalt kann man sich an den Hut stecken.

Die Absatzschwäche trifft den Verlag nicht ins Mark, aber in die Marge. Statt mit dem Buch einen guten Schnitt zu machen, schneiden es die Leser und der Verlag schneidet dabei nicht gut ab.

Man hätte das Buch besser 'Zu den drei Klappen' nennen sollen: Klappentext lesen, Buch zuklappen, Buch verklappen

Das Buch ist in mehreren Sprachen überschätzt worden.

Das Buch hat in Asien gute Vermarktungschancen, denn es wurde in Fachchinesisch geschrieben. Wahrscheinlich von jemandem namens Zu Mu Tung.

Kein Wunder, dass bei diesen Umsätzen die Zahlen rot werden. ☹

Die schärfsten Kritiker der Elche waren früher selber welche.
F.W. Bernstein (*1938)

💣 Wie man die Verkaufsstatistik und andere Buchdaten kritisieren könnte:

Was mit jeder Auflage steigen dürfte, ist nicht die Auflagenzahl, sondern nur die Zahl der Auflage.

Alle bisher verkauften Exemplare hintereinandergelegt würden zweimal um den Globus reichen (wenn ein handelsüblicher Schulglobus gemeint ist).

Alle bisher verkauften Exemplare aufeinandergestapelt passen immer noch gut in eine Mülltonne.

Die Seiten sind in mathematisch richtiger Reihenfolge nummeriert. Doch eine Seitenzahl, die man eigentlich ganz am Anfang erwarten würde, fehlt: 00.

Es gehört zu den Büchern, welche mehr Seitenzahlen haben als Käufer.

Der Autor hofft, die psychologisch wichtige Zahl von einem verkauften Exemplar endlich zu erreichen.

Aus dem Buch kann nochmal was werden - Altpapier.

Die ISBN sollte ehrlicherweise die Zahlen-folge 0815 enthalten.

Da haben wir, Blatt für Blatt, den Zahlensalat. Er wird vor allem Erbsenzählern munden.

Der Autor möchte seine Leser nicht mit Statistiken quälen, sondern ohne. ☹

87

Wer keine Kritik verträgt, hat sie bitter nötig.
Lothar Schmidt (Schriftsteller,1862-1931)

☺ Wie könnte man über potentielle Lesergruppen nörgeln?
Für folgende Lesergruppen scheint das Buch weniger geeignet: a) junge Leser, b) Leser mittleren Alters, c) ältere Leser.

Warum es keine Leserstimmen gibt? Offensichtlich sind die Leser verstimmt.

Leider ist der Leser ein Leider.

Ein Buch ohne Leserstrahlen.

Ein Buch, das Frauen und Männer weniger anspricht.

Die Hörbuchausgabe ist und bleibt einfach unerhört.

Das Buch wurde in Deutschland bisher übersehen. Vielleicht sollte es der Verlag in Übersee publizieren.

Der Inhalt ist sowohl für Experten als auch für interessierte Laien hoch-uninteressant.

Was dieses Buch betrifft, werden nicht die Absätze davonlaufen, sondern die Leser.

Auf dem Umschlag steht, ein Buch für alle von 8-88. Damit ist der IQ gemeint.

Die treuen Leser sind dem Autor am teuersten.

Sollte es geneigte Leser geben, liegen diese schief. ☹

Wörterbuch
Hilfsmittel zum Buchstabieren von Wörtern, die man in ihnen nur findet, wenn man weiß, wie sie buchstabiert werden.
Anonym

✒ Wie man über eine neue Ausgabe meckern könnte:
Diese Ausgabe kann man sich sparen.

Mit dieser Ausgabe hat sich der Autor nicht gerade verausgabt.

Der Verlag hat den Autor in die Mangel genommen und der ersten Auflage die Mängel genommen.

Für solche Ausgaben sollte man eine Gabe haben.

Man sollte dem Autor zur Auflage machen, keine weiteren Auflagen zu machen.

Mit jeder Auflage steigt nicht die Auflagenzahl, sondern nur die Zahl der Auflage.

Das letzte Buch ist das Letzte. Von der Auflage, direkt in die Ablage.

Die neue, verwässerte Ausgabe liest sich viel flüssiger.

Der Autor hätte nicht mehr Feuer in die Texte legen sollen, sondern umgekehrt.

Während die erste Ausgabe weg ging wie warme Semmeln, hat es der Autor mittlerweile beim Leser versemmelt und muss nun kleinere Brötchen backen.☺

Manche Kritiker fassen jene Autoren am härtesten an, deren Bücher sie nicht angefasst haben.
Gabriel Laub

👆 Wie könnte man sich über ein Plagiat empören?

Sein oder nicht sein (Text) – das ist hier die Frage.

Dass der Autor nicht abgeschrieben hat, können sich die Leser abschreiben. Weil der Autor nicht zitiert hat, zittert er jetzt.

Der Text ist copy, paste und hat Luft.
Von einem Blog abgekupfert, ein Blogiat?

Kein Meisterwerk, sondern ein Kleisterwerk der Literatur.

Andere Sachbücher sind mit Fakten nur so gespickt, in diesem sind die Fakten nur gespickt.
Der Autor gehörte früher nicht zu den Jungen Wilden, sondern zu den Jungen Wilderern.
Stockholm wird beim Autor sicher nie anrufen. Dabei gehört er hinter schwedische Gardinen.
Der Autor hätte aus der Fußnote eine Tugend machen sollen, stand aber mit ihr auf Kriegsfuß.

Wegen zu wenigen Gänsefüßchen kriegt er jetzt eine Gänsehaut.
Zitieren sollte der Autor bzw. man ihn vor Gericht.
Der Autor schreibt ab und zu ohne `und zu´.
Der Autor kann drei Kreuze machen, sein Buch signieren zu dürfen.

Hatte das Buch einen Ghostwriter, so hatte dieser keinen Geist.
Ist das Buch ein Plagiat oder nur eine Plag?
Ob der Verfasser im Pro log?
Das Buch ist wohl als Google-Hupf entstanden, tief surfend, statt tief schürfend.

Bei der Lektüre beschleicht einen ein Déjà-Lu-Erlebnis.

90

Indes gehört er zu den Künstlern, die zwar wissen, was sie wollen, doch nicht wollen, was sie schon können.
Marcel Reich-Ranicki über Peter Bichsel.

✒ Möglichkeiten, sich über Dichtkunst kritisch zu äußern:

Der Autor sollte sich mit seinen Reimen am Riemen reißen.

Auf seine Gedichte kann man sich keinen Reim machen. Sonst wäre der Autor ja auch ein Versfasser, statt ein Verfasser.

Auf seine Verse ist niemand versessen. Die Verse sind die Achillesferse des Buches. Bei dieser Verses-Schmiede wird man des Verses müde.

Die Lyrik im Buch ist nicht po-etisch, denn sie geht dem Leser am A.. vorbei. Ist dieser Verschnitt eher ein Versshit oder Vers-Tand ohne Verstand?

Die Verse im Buch sind kein Gedicht.

So nett der Text ist, ein Sonett enthält er nicht.

Der Autor ist ein sensibler Poet, ein Etepoete der mit sich im Reimen ist.

Der Autor ist im Dichten nicht sehr vers-iert. Verse zum Versenken statt Verschenken.

Da die Gedichte halten, was sie versprechen, hätte der Autor dichthalten sollen. Mancher, der nicht vom Vers ließ, endete im Verlies.

Dichter werden sollte der Verfasser, denn er ist nicht ganz dicht.

91

Was bedeutet es, wenn ein Roman mit einem Telefonbuch verglichen wird? Viele Personen, wenig Handlung.
Unbekannt

✍ Möglichkeiten, Belletristik zu kritisieren:

Schön traurig der Inhalt, aber deshalb noch lange keine Belle+trist-ik.

Literare humanum est.

Überraschungen fehlen, man kann sich das Ende leicht ausmalen. Ein Ausmalbuch also.

Dass es als fiction nicht ankommt, ficht den Autor nicht an.

Das Buch gehört zu den großen Zwergen der Weltliteratur.

Wenn es hochkam, schrieb der Autor nie Hochkammliteratur.

Der Autor ist eher ein Iterat als ein Literat, denn er nähert sich mit langsamen Schritten seinem Thema.

Sehr sehr schade, dass keine Scheherazade dem Autor Geschichten eingeflüstert hat.

Das Buch ist ein Wört(h)ersee: flüssig aber seicht.

Das Buch enthält ein Kaleidöskopp langweiliger Typen.

Der Autor beschreibt mit wechselndem Geschick das wechselvolle Geschick des Helden.
Der Held hält nicht, was der Autor verspricht.

Eine kaum entwickelte Hauptfigur, eher ein Protogenist.

Ein Schauerroman für verregnete Wochenenden. ☹

Was hat es zu bedeuten, wenn ein Verleger über das
ihm angebotene Romanmanuskript sagt, es erinnere ihn
an das Schwert Karls des Großen?
Antwort: Es ist lang, flach und tödlich.
Unbekannt

💣 Welche Beinamen könnte man einem belletristischen Werk geben?

ein Teflonbuch (nichts bleibt hängen),
ein Ausmalbuch (man kann sich das Ende ausmalen).
ein unfertiger Rohman,
eine Erquälung, Literatortour,
eine inhaltsleere Anthohlogie,
ein Erstlingswerk als Worstlingswerk,
ein (Sprung in der) Schüsselroman,
ein schlampig verfasster Schusselroman,
eine sich im Detail verlierende Erbsenzählung,
ein Schein-fiction-Buch,
sein fiction Buch, Schei...fiction Buch
eine detailversessene kleingeistige Erbsenzählung,
ein Analmanach zotiger Witze,
ein mit Action überladener Krawal(l)manach,
eine Doofelle,
ein DIN-A-Saurier (großformatiges Buch),
ein teigiges Mehlodram,
ein zusammengestoppeltes Kleisterwerk der Literatur,
Ein Lurchbuch, statt ein Durchbruch,
eine Sehrzäh-lung,
eine Gähnealogie einer langweiligen Familie ☹

93

You know who the critics are? The men who have failed in literature and art.
Benjamin Disraeli (1804-1881)

☹ Möglichkeiten Sachbücher zu kritisieren:

Ein Dyslexikon aller Arten von Rechtschreibfehlern,

weder Handbuch noch Hand- und Fuß-Buch,

ein Flachbuch,

ein Schachbuch (der Leser ist bald matt),

ein Ban(u)al (statt ein Manual),

ein Womanual (Hand(taschen)buch für die Frau),

eine Banalyse (ohne Erkenntniswert).

ein Nurschlackewerk,

Anhang als Nachschlag-Werk

ein Gammelsurium abgestandener Fakten,

ein einschläferndes Komm-Penn-dium

ein listiges Buch,

Tabelle-tristik,

Fakten hub er, der Faktenhuber. Fakten, die man nicht vermisst hat und die einem der Autor vermiest hat. ☹

There are books of which the backs and covers are by far the best parts.
Charles Dickens

☠ Wie könnte man über ein Kochbuch meckern?

Was hat er da angerichtet?
Der Autor ist wahrlich kein Gurumet.

Bei seinen Rezepten kocht er nur mit Wasser, doch manche fielen ihm ein wie Suppen von den Fischen.
An seinen Rezepten, die sich durch die Mund zu Mund-Propaganda verbreiten, hat man noch lange zu kauen.
Ein Aufguss von Rezepten für den Ausguss.
Mit dem Buch gibt der Autor sein Rezepter ab.

Dem Autor sind seine Speisen Wurst.
Er hofft, nicht zur persona non Gratin zu werden.
Die Backrezepte sind ein Mehlodram.
Für das Buch gilt: jetzt haben wir den Salat.

Böse Zungen behaupten, die gesponsorten Gerichte hätten ein Geschmäckle.
Trotz der geringen Seitenzahl kann das Bändchen als Kochbuch gelten. Man kocht nach der Lektüre.
Das Buch bietet eher seichte als leichte Kost.

Das Buch enthält Kalauerien statt Kalorien.
Die Getränketipps im Buch sind nicht mein Bier.
Dem Buch fehlt die Würze. Nur der Preis ist gepfeffert.

Der Autor berichtete eher aus der Gerüchteküche als aus der Gerichteküche.
Wer solche Gerichte vorstellt, den sollte man vor Gericht stellen.

Der Autor kostet die Welt, das Buch kostet dennoch nicht die Welt. ☺

95

Auch das schlechteste Buch hat eine gute Seite: die letzte.
John James Osborne

☹ Wie könnte man über ein Reisebuch lästern?

Der Autor hat scheinbar Naturvölker getroffen, die vor, aber auch bei seinem Besuch nie einen weisen Mann gesehen haben sollen.

Wenn solche Autoren verreisen, verreißen Kritiker hinterher das Ergebnis.

Seine Fernwehen gebären neue Reisebücher.

Ein Reisebuch eines allerweltsreisenden Globetrottels, voller schafsinniger Beobachtungen. Für fade Trampel auf ausgetrampelten Pfaden.

Ein Komm Penn!-dium voller Übernachtungstipps.

Seine Reiseberichte aus erster Hand kann man heute in Second Hand-Läden kaufen.

Bei Wanderungen in der Natur sollte man dieses Buch mit seinem weichen Papier immer dabeihaben.

Ist ein Buch über eine Radtour Literatur?
Nach diesen Radtouren ist man gerädert.
Nach seinen Extremradtouren war der Verfasser nicht mehr in guter Verfassung.
Die Karten im Buch sind vom Autor gezeichnet und der Autor von seinen Reisen.

Ein Buch mit vielen Geheimtipps und noch mehr Geh heim-Tipps.☺

I was so long writing my review that I never got around to reading the book.
Groucho Marx

> ↘ Wie könnte man über die erotische Qualität eines Buches nörgeln?

Das Buch gehört zur B-Gattung sexlastiger Literatur.

Wenn man mit diesem dünnen Buch ins Bett geht, wird es höchstens ein One night stand.

Das Buch bietet Sex&Crime: es in *Verkehr* zu bringen, ist ein *Verbrechen.*

Er beschreibt nicht die haute volée, sondern die Haut devoilé.

> ☙ Was könnte man zur gesellschaftlichen Relevanz eines Buches sagen?

Der Autor enthält der Gesellschaft einen Spiegel vor.

Man sollte es mit seinen Großeltern lesen, denn man liest es mit Grauen.

Um in Nordskandinavien Erfolg zu haben, bräuchte es einen Lappentext.

Das Buch wurde wohl für zwei Zielgruppen geschrieben - Altpapiercontainer und Müllpressen.

97

Man soll die Kritiker nicht für Mörder halten.
Sie stellen nur den Totenschein aus.
Marcel Reich-Ranicki (1920-2013)

☹ Wie Kritiker die Eignung als Geschenk einschätzen könnten:

Das Buch sollte man nicht Leuten schenken, welche man gernhat, sondern Leuten, die einen gernhaben können.

Wer dieses Buch an Weihnachten schenkt, hat danach eine schöne Bescherung.

Das Buch eignet sich gut als Weihnachtsgeschenk. An den Festtagen möchte man es gerne warm haben.

Das Buch kann, nein sollte man ungelesen weiter-verschenken.

Als Präsent ist das Buch bisher nicht präsent.

An das verpackte Buch sollte man eine Schleife dranmachen und diese dann ganz fest zuziehen. Denn das Buch fesselt nicht.

Der Schenkende macht eine Schleife um dieses Buch, der Beschenkte einen Bogen.

Liegt das Buch unterm Weihnachtsbaum, wird es spätestens mit diesem entsorgt.

Wenn man das Buch geliefert bekommt, fragt man sich `Gehe ich recht in der Annahme?`

Dieses Buch kann man sich schenken.☺

Zu fragen ist- und leider nicht zum ersten Mal - angesichts eines neuen Buches von Grass: Wie konnte dieses Malheur passieren?
Marcel Reich-Ranicki über Günter Grass

📖 Was könnte man zu Autorenlesungen sagen?

Der Verlag hat angesichts der Nachfragesituation nur eine Signiersekunde eingeplant.

Der Autor stand bisher nirgendwo im Rampenlicht. Von nun an gilt jedoch: Spot(t) an. Und gleich beim ersten Auftritt stolperte der Autor auf der/die Bühne und hatte plötzlich ein Brett vor dem Kopf.

Der Autor reist zur Lesung an, reißt das Thema dann aber nur an.

Der Verfasser liest das Buch viel versprechend statt vielversprechend.

Wer Tickets für seine Lesungen gekauft hat, hat schlechte Karten.

Seine Stimme ist musig, seine Erläuterung müßig in meinen Ohren.

An einem schönen Sommertag hat der Autor eine Lesung einmal einfach verschwitzt.

Früher konnte dem Autor keiner das Wasser reichen. Heute wird ihm bei seinen Lesungen Wasser gereicht.

Das Publikum dankte es ihm mit einem endend wollenden Applaus.

Seine Lesungen sind so, dass die Leser nicht davon schwärmen, sondern davonschwärmen. ☺

A critic is a man who knows the way but can´t drive the car.
Kenneth Tynan (1927-1980)

🐦 Wie könnte man ein Buch auf Englisch kritisieren?

This is not literature but liter immature.

This prose has many cons.

This publication is not a novel, but a no value public-cation.

This booklet is not a tome to me.

Any seriousness in the book is ironied out.

It is selfish from the author to produce a book that is not very shelfish.

Efforts have been wasted, the result is litter ature.

Why is this book classified as paper back? Because clients ask: "Can I get the paper (money) back", after they bought it. And why is it also a hardcover? Because it is hard to recover from its lecture´.
It is nice to get a prize, but it is higher to find a buyer.

One should waste no time reading this book.

How to make this book a bestseller? A girl on the cover and no cover on the girl.☺

Auch Schlafen ist eine Art Kritik. Vor allem im Theater.
George Bernhard Shaw (1856-1950)

📖 Wie kann man die Regaltauglichkeit eines Buches beschreiben?

Ein gutes Buch ziert jedes Regal, bei diesem Buch ziert sich jedes Regal.

Mit diesem Buch lassen sich prima die obersten Regalfächer füllen – wo keiner mehr hinkommt.

Ein schöner Buchrücken kann entzücken, ein Leporello ebenso.

Dieses Buch wird nicht unter dem Ladentisch verkauft, sondern verkeilt, damit dieser nicht mehr so wackelt.

Für das Buch müssen Regale verstärkt werden, weil es wie Blei in denselben liegt.

Ein regalfreundliches Buch- als Unterlegscheibe zum Geraderücken.

Mit diesem Coffee table book tischt der Autor kalten Kaffee auf.

Das Buch ist trashig statt très chic. ☹

101

A dramatic critic... leaves no turn unstoned.
George Bernard Shaw

♠ Wie könnte man vergiftetes Lob austeilen?

Die Veröffentlichung enthält die für den Aufbau eines jeden gesunden Textes wertvollen Buchstaben A, B, C, D, E, sowie F-Z.

Das Buch sollte in (k)einer Bibliothek fehlen. Denn nirgendwo wurde es bisher angeschafft.

Dieses Buch können Junge und Alte mit Gewinn lesen. Man gewinnt die Einsicht, dass man nichts verpasst hat, wenn man ein solches Buch nicht gelesen hat.

Das Buch braucht sich vor anderen Neuerscheinungen nicht zu verstecken - schön, wenn es das trotzdem täte.

Als Erstlingswerk ein typisches Ampelbuch: der Autor ist noch etwas grün hinter den Ohren, der Inhalt ist noch nicht das Gelbe vom Ei und die Kritiker sehen rot.

Durch Marketinganstrengungen möchte der Autor die psychologisch wichtige Marke von einem verkauften Buch endlich erreichen.

Aus dem Buch kann nochmal was werden - Altpapier.

Man sollte das Buch in Blindenschrift publizieren - damit es endlich ein paar herausragende Stellen hat.

Eines der besten Bücher, welche jemals geschrieben wurden. Wenn man von allen anderen absieht.☺

Critics are to authors what dogs are to lampposts.
Jeffrey Robinson

☺ Was könnte man zum Humorgehalt eines Buches sagen?

Das Buch ist ein Witz.
Humor ist, wenn man trotzdem lacht.

Der einzige Witz des Buches ist sein Preis.

Der Autor geht mit Humor sparsam um. Als er es schrieb, blieb ihm wohl das Lachen im Geizhalse stecken.

Der Leser liegt auf der Kalauer nach Humor und denkt sich: Witz komm raus, du bist umzingelt.

Die Po-inten gehen einem allerdings am A... vorbei.

Aus dem Buch sollte man Konfetti machen - Helau, statt Kalau.

Sollte man ein Buch in die Hand nehmen, dessen Autor einen auf den Arm nimmt?

Die erste Ausgabe sollte nicht als Faksimile nachgedruckt werden, sondern als Faksmile.

Das Buch ist mit Anspielungen wirklich satiriert.

Ein Buch, dessen Inhalt Grinsen nicht überschreitet, kein grinswertiges Buch also.

Es gibt zwei Arten von Humorbüchern: hi Bücher wie dieses und hihi wirklich witzige Bücher.☺

5. The World Library- the 100 best books of all time

Die World Library der 100 besten Bücher wurde, initiiert vom Norwegischen Buchclub, im Jahr 2002 zusammengestellt. Hundert Schriftsteller aus 54 Ländern waren an der Auswahl beteiligt. Aus Deutschland waren es Siegfried Lenz, Hans Magnus Enzensberger, Christoph Hein und Christa Wolf, aus der Schweiz Gerold Späth. Jeder Schriftsteller legte dabei seine eigene Top 10-Liste fest und aus diesen Listen wurden die am häufigsten genannten Bücher ermittelt. Ein Ranking wurde nicht durchgeführt, aber Cervantes´ Don Quijote wurde als bestes literarisches Werk aller Zeiten festgelegt.

Folgende 8 deutschsprachige Werke sind auf der Liste enthalten:

Döblin	Berlin Alexanderplatz
Goethe	Faust
Grass	Die Blechtrommel
Kafka	Der Prozess
Kafka	Das Schloss
Thomas Mann	Die Buddenbrooks
Thomas Mann	Der Zauberberg
Robert Musil	Der Mann ohne Eigenschaften

The World Library- the 100 best books of all time

Title	Author	Year	Country
Things Fall Apart	Chinua Achebe	1958	Nigeria
Fairy tales	Hans Christian Andersen	1835–37	Denmark
The Divine Comedy	Dante Alighieri	1265–1321	Florence
Epic of Gilgamesh	Anonymous	18th – 17th century BC	Sumer and Akkadian Empire
Book of Job	Anonymous	6th – 4th century BC	Achaemenid Empire
One Thousand and One Nights	Anonymous	700–1500	India/Iran/Iraq/ Egypt
Njál's Saga	Anonymous	13th century	Iceland
Pride and Prejudice	Jane Austen	1813	United Kingdom
Le Père Goriot	Honoré de Balzac	1835	France
Molloy, Malone Dies, The Unnamable, a trilogy	Samuel Beckett	1951–53	Ireland
The Decameron	Giovanni Boccaccio	1349–53	Ravenna
Ficciones	Jorge Luis Borges	1944–86	Argentina
Wuthering Heights	Emily Brontë	1847	United Kingdom
The Stranger	Albert Camus	1942	Algeria, French Empire
Poems	Paul Celan	1952	Romania, France
Journey to the End of the Night	Louis-Ferdinand Céline	1932	France
Don Quixote	Miguel de Cervantes	1605 (part 1), 1615 (2)	Spain
The Canterbury Tales	Geoffrey Chaucer	14th century	England
Stories	Anton Chekhov	1886	Russia
Nostromo	Joseph Conrad	1904	United Kingdom
Great Expectations	Charles Dickens	1861	United Kingdom

105

Title	Author	Year	Country
Jacques the Fatalist	Denis Diderot	1796	France
Berlin Alexanderplatz	Alfred Döblin	1929	Germany
Crime and Punishment	Fyodor Dostoyevsky	1866	Russia
The Idiot	F. Dostoyevsky	1869	Russia
The Possessed	F. Dostoyevsky	1872	Russia
The Brothers Karamazov	F. Dostoyevsky	1880	Russia
Middlemarch	George Eliot	1871	UK
Invisible Man	Ralph Ellison	1952	United States
Medea	Euripides	431 BC	Athens
Absalom, Absalom!	William Faulkner	1936	United States
The Sound and the Fury	William Faulkner	1929	United States
Madame Bovary	Gustave Flaubert	1857	France
Sentimental Education	Gustave Flaubert	1869	France
Gypsy Ballads	Federico García Lorca	1928	Spain
One Hundred Years of Solitude	Gabriel García Márquez	1967	Colombia
Love in the Time of Cholera	Gabriel García Márquez	1985	Colombia
Faust	J. W. von Goethe	1832	Germany
Dead Souls	Nikolai Gogol	1842	Russia
The Tin Drum	Günter Grass	1959	Germany
The Devil to Pay in the Backlands	João Guimarães Rosa	1956	Brazil
Hunger	Knut Hamsun	1890	Norway
The Old Man and the Sea	Ernest Hemingway	1952	United States
Iliad	Homer	850–750 BC	Possibly Smyrna
Odyssey	Homer	8th century BC	Possibly Smyrna
A Doll's House	Henrik Ibsen	1879	Norway
Ulysses	James Joyce	1922	Irish Free State
Stories	Franz Kafka	1924	Austria

Title	Author	Year	Country
The Trial	Franz Kafka	1925	Austria
The Castle	Franz Kafka	1926	Austria
Shakuntala	Kālidāsa	1st c. BC – 4th c. AD	India
The Sound of the Mountain	Yasunari Kawabata	1954	Japan
Zorba the Greek	N. Kazantzakis	1946	Greece
Sons and Lovers	D. H. Lawrence	1913	United Kingdom
Independent People	Halldór Laxness	1934–35	Iceland
Poems	G. Leopardi	1818	Italy
The Golden Notebook	Doris Lessing	1962	United Kingdom
Pippi Longstocking	Astrid Lindgren	1945	Sweden
A Madman's Diary	Lu Xun	1918	China
Children of Gebelawi	Naguib Mahfouz	1959	Egypt
Buddenbrooks	Thomas Mann	1901	Germany
The Magic Mountain	Thomas Mann	1924	Germany
Moby-Dick	Herman Melville	1851	United States
Essays	Michel de Montaigne	1595	France
History	Elsa Morante	1974	Italy
Beloved	Toni Morrison	1987	United States
The Tale of Genji	Murasaki Shikibu	11th century	Japan
The Man Without Qualities	Robert Musil	1930–32	Austria
Lolita	Vladimir Nabokov	1955	Russia/United States
Nineteen Eighty-Four	George Orwell	1949	United Kingdom
Metamorphoses	Ovid	1st century AD	Roman Empire
The Book of Disquiet	Fernando Pessoa	1928	Portugal
Tales	Edgar Allan Poe	19th century	United States
In Search of Lost Time	Marcel Proust	1913–27	France

107

Title	Author	Year	Country
Gargantua and Pantagruel	François Rabelais	1532–34	France
Pedro Páramo	Juan Rulfo	1955	Mexico
Masnavi	Rumi	1258–73	Persia, Mongol Empire
Midnight's Children	Salman Rushdie	1981	United Kingdom
Bostan	Saadi	1257	Persia, Mongol Empire
Season of Migration to the North	Tayeb Salih	1966	Sudan
Blindness	José Saramago	1995	Portugal
Hamlet	W. Shakespeare	1603	England
King Lear	W. Shakespeare	1608	England
Othello	W. Shakespeare	1609	England
Oedipus the King	Sophocles	430 BC	Athens
The Red and the Black	Stendhal	1830	France
Tristram Shandy	Laurence Sterne	1760	England
Confessions of Zeno	Italo Svevo	1923	Italy
Gulliver's Travels	Jonathan Swift	1726	Ireland
War and Peace	Leo Tolstoy	1865–1869	Russia
Anna Karenina	Leo Tolstoy	1877	Russia
The Death of Ivan Ilyich	Leo Tolstoy	1886	Russia
Adventures of Huckleberry Finn	Mark Twain	1884	United States
Ramayana	Valmiki	3rd cent. BC -3rd c. AD	India
Aeneid	Virgil	29–19 BC	Roman Empire
Mahabharata	Vyasa	4th c. BC – 4th c. AD	India
Leaves of Grass	Walt Whitman	1855	United States
Mrs Dalloway	Virginia Woolf	1925	UK
To the Lighthouse	Virginia Woolf	1927	UK
Memoirs of Hadrian	Marguerite Yourcenar	1951	France

Quelle: Wikipedia

6. Die ZEIT-Bibliothek der 100 Bücher

Von 1978 bis 1980 wurde in der ZEIT jede Woche ein Buch einer Bibliothek der 100 (besten) Bücher vorgestellt. Der Jury gehörten Rudolf Walter Leonhardt, Hans Mayer, Rolf Michaelis, Fritz J. Raddatz, Peter Wapnewski und Dieter E. Zimmer an.

Zu den Rezensenten gehörten unter anderem Rudolf Augstein, Golo Mann und Heinrich Böll.
Im Jahre 1980 erschien die ZEIT-Serie als Taschenbuch, herausgegeben von Fritz J. Raddatz.

Exkurs: Athen
Athen, die Stadt von Aristoteles, Platon und Sokrates steht für einen Ort der Musen, besonders der Philosophen, Dichter und Schriftsteller.

Deutschland	
Berlin	*Spreeathen*
Biberach (Riß)	*Riss-Athen*
Weimar	*Ilm-Athen, deutsches Athen*
Europa	
Belfast	*Athen Irlands*
Cordoba	*Athen des Westens*
Edinburgh	*Athens of the North*
Jyväskylä	*Athens of Finland*
Kromeriz	*Athen der Hanna-Region*
Lüttich	*Athen des Nordens*
Ostroh (Ukraine)	*Athens of Volyn*
Papa	*Athen Transdanubiens*
Sarospatak (Ungarn)	*Athen am Bodrog*
Tartu	*Athen Estlands*

ZEIT-Bibliothek der 100 Bücher

1. Die Bibel
2. Homer: *Odyssee*
3. Platon: *Apologie*
4. Vergil: *Aeneis*
5. Tacitus: *Germania*
6. Longos: *Daphnis und Chloe*
7. Augustinus: *Bekenntnisse*
8. *Die Erzählungen aus den tausendundein Nächten*
9. Wolfram von Eschenbach: *Parzival*
10. Gottfried von Straßburg: *Tristan*
11. Das Nibelungenlied
12. Dante Alighieri: *Die Göttliche Komödie*
13. Giovanni Boccaccio: *Das Decamerone*
14. Thomas Morus: *Utopia*
15. François Rabelais: *Gargantua und Pantagruel*
16. Michel de Montaigne: *Essais*
17. H. J. Chr. von Grimmelshausen: *Simplicissimus*
18. Blaise Pascal: *Pensées*
19. Daniel Defoe: *Robinson Crusoe*
20. Jonathan Swift: *Gullivers Reisen*
21. Henry Fielding: *Tom Jones*
22. Laurence Sterne: *Leben und Ansichten von Tristram Shandy*
23. Voltaire: *Candide*
24. Johann Wolfgang Goethe: *Die Leiden des jungen Werthers*
25. Gotthold Ephraim Lessing: *Anti-Goeze*
26. Jean-Jacques Rousseau: *Die Bekenntnisse*
27. Karl Philipp Moritz: *Anton Reiser*
28. Immanuel Kant: *Zum ewigen Frieden*
29. Ulrich Bräker: *Der arme Mann im Tockenburg*
30. Friedrich Schiller: *Ästhetische Schriften*
31. Denis Diderot: *Jacques der Fatalist und sein Herr*
32. Jean Paul: *Siebenkäs*
33. Friedrich Hölderlin: *Hyperion*
34. Georg Christoph Lichtenberg: *Sudelbücher*
35. Johann Wolfgang Goethe: *Die Wahlverwandtschaften*
36. Heinrich von Kleist: *Erzählungen*
37. J. Peter Hebbel: *Das Schatzkästlein des Rheinischen Hausfreunds*
38. Die Brüder Grimm: *Kinder- und Hausmärchen*
39. E. T. A. Hoffmann: *Kater Murr und Kreisler*
40. Giacomo Casanova: *Geschichte meines Lebens*
41. Joseph von Eichendorff: *Aus dem Leben eines Taugenichts*
42. Stendhal: *Rot und Schwarz*

43. Georg Büchner: *Lenz*
44. Honoré de Balzac: *Verlorene Illusionen*
45. Charles Dickens: *Oliver Twist*
46. Nikolaj Gogol: *Die toten Seelen*
47. Søren Kierkegaard: *Entweder – Oder*
48. Heinrich Heine: *Deutschland. Ein Wintermärchen*
49. Edgar Allan Poe: *Phantastische Erzählungen*
50. Herman Melville: *Moby Dick*
51. Arthur Schopenhauer: *Parerga und Paralipomena*
52. Karl Marx: *Der achtzehnte Brumaire des Louis Bonaparte*
53. Hans Christian Andersen: *Märchen*
54. Gottfried Keller: *Der grüne Heinrich*
55. Gustave Flaubert: *Madame Bovary*
56. Iwan Alexandrowitsch Gontscharow: *Oblomow*
57. Victor Hugo: *Die Elenden*
58. Lewis Carroll: *Alice im Wunderland*
59. Iwan Turgenew: *Väter und Söhne*
60. Wilhelm Raabe: *Abu Telfan oder Die Heimkehr vom Mondgebirge*
61. Leo Tolstoi: *Krieg und Frieden*
62. Adalbert Stifter: *Erzählungen*
63. Fjodor Dostojewski: *Die Dämonen*
64. Friedrich Nietzsche: *Menschliches, Allzumenschliches*
65. Émile Zola: *Germinal*
66. August Strindberg: *Sohn einer Magd*
67. Knut Hamsun: *Hunger*
68. Oscar Wilde: *Das Bildnis des Dorian Gray*
69. Anton Tschechow: *Erzählungen*
70. Theodor Fontane: *Der Stechlin*
71. Thomas Mann: *Buddenbrooks*
72. Robert Musil: *Die Verwirrungen des Zöglings Törleß*
73. Rainer M. Rilke: *Die Aufzeichnungen des Malte Laurids Brigge*
74. Heinrich Mann: *Der Untertan*
75. Marcel Proust: *Auf der Suche nach der verlorenen Zeit*
76. Jaroslav Hašek: *Die Abenteuer des braven Soldaten Schwejk*
77. James Joyce: *Ulysses*
78. John Dos Passos: *Manhattan Transfer*
79. Franz Kafka: *Das Schloss*
80. Hermann Hesse: *Der Steppenwolf*
81. Alfred Döblin: *Berlin Alexanderplatz*
82. Ernst Bloch: *Spuren*
83. Sigmund Freud: *Das Unbehagen in der Kultur*
84. Leo Trotzki: *Mein Leben*
85. William Faulkner: *Licht im August*

86. Franz Kafka: *Erzählungen*
87. André Gide: *Tagebücher*
88. Anna Seghers: *Das siebte Kreuz*
89. Albert Camus: *Der Fremde*
90. Heinrich Böll: *Erzählungen*
91. Jean Genet: *Querelle*
92. Ernest Hemingway: *Der alte Mann und das Meer*
93. Max Frisch: *Stiller*
94. Claude Lévi-Strauss: *Traurige Tropen*
95. Samuel Beckett: *Das letzte Band*
96. Günter Grass: *Die Blechtrommel*
97. Jean-Paul Sartre: *Die Wörter*
98. Bertolt Brecht: *Geschichten vom Herrn Keuner*
99. Uwe Johnson: *Jahrestage*
100. Miguel de Cervantes Saavedra: *Don Quijote*

Rezensent	Rezensierte Werke
Rudolf Walter Leonhardt	22, 28, 51, 64, 68
Hans Mayer	39, 60, 71, 86, 87
Fritz J. Raddatz	82, 91, 96, 97
Dieter E. Zimmer	49, 58, 79, 92
Rolf Michaelis	16, 26, 33, 99
Rudolf Augstein	1,14
Peter Wapnewski	9, 10, 11, 29
Golo Mann	7, 100
Hartmut von Hentig	37,38
Reinhard Baumgart	59, 82
Luise Rinser	42,63

7. Die ZEIT-Bibliothek der 100 Sachbücher

Der Erfolg der Zeit-Serie „Bibliothek der 100 Bücher" führte Anfang der 1980er Jahre zur Erstellung einer Liste der 100 Sachbücher und einer entsprechenden Artikelserie in der Zeit.

Zur Jury gehörten neben Fritz J. Raddatz so namhafte Experten wie Ralf Dahrendorf, Golo Mann, Alexander Mitscherlich und Uta Ranke-Heinemann.

Zu den Rezensenten gehörten neben den oben genannten Experten unter anderem Autoren und Wissenschaftler wie Heinrich Böll (Tacitus - Germania), Rudolf Augstein (Morus - Utopia) Hartmut von Hentig (Platon - Politeia), Günter Wallraff, (Engels - Die Lage der arbeitenden Klasse in England) Iring Fetscher (Trotzki - Literatur und Revolution), Rolf Hochhuth (Spengler - Der Untergang des Abendlandes), Marion Gräfin Dönhoff, (Kogon - Der SS-Staat) Alice Schwarzer (Simone de Beauvoir - Das andere Geschlecht) und Margarete Mitscherlich (Freud - Das Ich und das Es).

Die ZEIT-Bibliothek der 100 Sachbücher

1. Euklid: *Die Elemente*
2. Platon: *Politeia*
3. Aristoteles: *Politik*
4. Flavius Josephus: *Geschichte des Jüdischen Krieges*
5. Plutarch: *Große Griechen und Römer*
6. Mark Aurel: *Selbstbetrachtungen*
7. Augustinus: *Vom Gottesstaat*
8. Thomas von Aquin: *Summa theologica*
9. Erasmus von Rotterdam: *Lob der Torheit*
10. Martin Luther: *Von der babyl. Gefangenschaft der Kirche*
11. Niccolò Machiavelli: *Der Fürst*
12. N. Kopernikus: *Über die Kreisbewegung der Weltkörper*
13. G. Vasari: *Leben der ausgez. Maler, Bildhauer u. Architekten*
14. Galileo Galilei: *Dialog über die beiden Weltsysteme*
15. John Locke: *Versuch über den menschlichen Verstand*
16. Thomas Hobbes: *Leviathan*
17. René Descartes: *Von der Methode des richtigen Vernunftge-brauchs und der wissenschaftlichen Forschung*
18. Blaise Pascal: *Vom geometrischen Geist*
19. Baruch de Spinoza: *Die Ethik, n. geometr. Methode dargestellt*
20. Gottfried Wilhelm Leibniz: *Die Theodizee*
21. Charles de Montesquieu: *Vom Geist der Gesetze*
22. Voltaire: *Versuch über die allgemeine Geschichte, über die Sit-ten und den Geist der Nationen von Karl dem Großen bis in unsere Tage*
23. Jean-Jacques Rousseau: *Vom Gesellschaftsvertrag*
24. David Hume: *Untersuchungen über den menschlichen Verstand*
25. Adam Smith: *Der Wohlstand der Nationen*
26. Georg Forster: *Reise um die Welt*
27. Immanuel Kant: *Kritik der reinen Vernunft*
28. Johann Wolfgang Goethe: *Über den Zwischenkieferknochen des Menschen und der Tiere*
29. Adolph Freiherr Knigge: *Über den Umgang mit Menschen*
30. Johann Heinrich Pestalozzi: *Meine Nachforschungen über den Gang der Natur in der Entwicklung des Menschengeschlechts*
31. Thomas Robert Malthus: *Das Bevölkerungsgesetz*
32. Georg W. Friedrich Hegel: *Phänomenologie des Geistes*
33. Arthur Schopenhauer: *Die Welt als Wille und Vorstellung*
34. Claude-Henri Comte de Saint-Simon: *Neues Christentum*
35. Carl Philipp Gottfried von Clausewitz: *Vom Kriege*
36. David Friedrich Strauß: *Das Leben Jesu*

37. Alexis de Tocqueville: *Über die Demokratie in Amerika*
38. Pierre-Joseph Proudhon: *Was ist Eigentum?*
39. Søren Kierkegaard: *Der Begriff Angst*
40. Friedrich Engels: *Die Lage der arbeitenden Klasse in England*
41. Max Stirner: *Der Einzige und sein Eigentum*
42. L. von Ranke: *Deutsche Gesch. im Zeitalter der Reformation*
43. Jacob Burckhardt: *Die Kultur der Renaissance in Italien*
44. Charles Darwin: *Die Entstehung der Arten*
45. Alexander von Humboldt: *Kosmos*
46. Michail Bakunin: *Staatlichkeit und Anarchie*
47. Theodor Mommsen: *Römische Geschichte*
48. Friedrich Wilhelm Nietzsche: *Also sprach Zarathustra*
49. Friedrich Hebbel: *Tagebücher*
50. Heinrich v. Treitschke: *Deutsche Geschichte im 19. Jahrhundert*
51. Gottlob Frege: *Grundlagen der Arithmetik*
52. Karl Marx: *Das Kapital*
53. Gustave Le Bon: *Psychologie der Massen*
54. Otto von Bismarck: *Gedanken und Erinnerungen*
55. Ernst Haeckel: *Die Welträtsel*
56. Max Planck: *Vorträge und Erinnerungen*
57. Edmund Husserl: *Logische Untersuchungen*
58. Max Weber: *Die protest. Ethik und der Geist des Kapitalismus*
59. Georges Sorel: *Über die Gewalt*
60. Jakob Johann Baron von Uexküll: *Kompositionslehre der Natur*
61. Albert Einstein: *Über d. spezielle und d. allg. Relativitätstheorie*
62. Georg Simmel: *Grundfragen der Soziologie*
63. Karl Barth: *Der Römerbrief*
64. Bertrand Russell: *Einführung in die mathematische Philosophie*
65. Oswald Spengler: *Der Untergang des Abendlandes*
66. Ludwig Wittgenstein: *Tractatus Logico-Philosophicus*
67. Sigmund Freud: *Das Ich und das Es*
68. Le Corbusier: *Ausblick auf eine Architektur*
69. George Lukács: *Geschichte und Klassenbewusstsein*
70. Leo Trotzki: *Literatur und Revolution*
71. Theodoor Hendrik van de Velde: *Die vollkommene Ehe*
72. Martin Heidegger: *Sein und Zeit*
73. Bronisław Malinowski: *Geschlecht und Verdrängung*
74. José Ortega y Gasset: *Der Aufstand der Massen*
75. Karl Jaspers: *Die geistige Situation der Zeit*
76. Lenin: *Was tun?*
77. Margaret Mead: *Jugend und Sexualität in prim. Gesellschaften*
78. Arnold J. Toynbee: *Der Gang der Weltgeschichte*
79. Rudolf Bultmann: *Jesus Christus und die Mythologie*

115

80. J. A. Schumpeter: *Kapitalismus, Sozialismus und Demokratie*
81. Jean-Paul Sartre: *Das Sein und das Nichts*
82. Max Horkheimer & T. W. Adorno: *Dialektik der Aufklärung*
83. Karl Popper: *Die offene Gesellschaft und ihre Feinde*
84. Eugen Kogon: *Der SS-Staat*
85. Pierre Teilhard de Chardin: *Der Mensch im Kosmos*
86. Norbert Wiener: *Kybernetik*
87. Simone de Beauvoir: *Das andere Geschlecht*
88. Hannah Arendt: *Elemente und Ursprünge totaler Herrschaft*
89. Winston Churchill: *Der Zweite Weltkrieg*
90. Karl Dietrich Bracher: *Die Auflösung der Weimarer Republik*
91. Ernst Bloch: *Das Prinzip Hoffnung*
92. Max Born: *Physik im Wandel meiner Zeit*
93. Rachel Carson: *Der stumme Frühling*
94. Noam Chomsky: *Sprache und Geist*
95. Jürgen Habermas: *Erkenntnis und Interesse*
96. James Watson: *Die Doppelhelix*
97. Werner Heisenberg: *Der Teil und das Ganze*
98. Jacques Monod, *Zufall und Notwendigkeit*
99. John Rawls: *Eine Theorie der Gerechtigkeit*
100. D. Meadows u. a. (Club of Rome): *Die Grenzen des Wachstums*

Ein ursprünglich 100, mittlerweile aber über 300
Werke enthaltender Kanon von kurzen Büchern (ca.
100 Seiten, 100 000 - 225 000 Zeichen) wurde vom
Umblätterer-Team 2011 zusammengestellt. Etwa 100
dieser Werke sind bisher auf der **Umblätterer-**
Webseite rezensiert worden.

http://www.umblaetterer.de/100-seiten/

8. 100 schöne Bibliotheken

Hier wurde eine subjektive Auswahl getroffen, die teilweise auch die Bedeutung der Bibliothek berücksichtigt.

10 Bibliotheken mit historisch bedeutsamem Buchbestand

Europa

Biblioteca Medicea Laurenziana, Florenz
Biblioteca Marciana, Venedig,
El Escorial, Spanien
Herzogin Anna Amalia-Bibliothek, Weimar
Herzog August-Bibliothek, Wolfenbüttel
Biblioteca Corviniana, Budapest
Bayerische Staatsbibliothek, München
Biblioteca Alexandrina, Alexandria (Ägypten)
Real Gabinete Portugues de Leitura, Rio de Janeiro
Vatikanische Apostolische Bibliothek, Vatikan

10 weitere historisch wichtige Bibliotheken

Hereford Cathedral chained library, Hereford
Francis Trigge chained library, Grantham (UK)
Liberei, Braunschweig (ältester Bibliotheksbau in D)
Karl Preusker Bücherei, Großenhain
Malatestiana Bibliothek, Cesena (erste öffentl. Bücherei)
Chetham´s Library, Manchester (Karl Marx-Stammbibliothek)
Museumsgesellschaft (Lenin, Joyce), Zürich
Reims, Carnegie-Bibliothek

Museumsbibliotheken
British Museum Reading Room, London
Rijksmusem, Forschungsbibliothek, Amsterdam

10 Klosterbibliotheken

Deutschland

Stiftsbibliothek Waldsassen (Zisterzienser), Bayern
Kloster Corvey (Benediktiner), NRW
Kloster Wiblingen (Benediktiner), Baden-W.

Österreich

Stift Admont (Benediktiner)
Stiftsbibliothek Melk (Benediktiner)
Stift St. Florian (Augustiner)
Stiftsbibliothek Kremsmünster (Benediktiner)

Andere Länder

Stiftsbibliothek St. Gallen (Benedktiner)
Kloster Strahov, Prag
Pannonhalma (Benediktiner), Ungarn

10 Parlaments- und Nationalbibliotheken

Europa

Deutsche Bibliothek, Leipzig
Nationalbibliothek Finnlands, Helsinki
Nationalbibliothek Weißrusslands, Minsk
Königliche Bibliothek, Kopenhagen
Handelingenkamer, Den Haag
Bibliothèque national de France, Richelieu-Lesesaal, Paris
Österreichische Nationalbibliothek, Wien
Biblioteca Nacional Espana, Madrid

Nordamerika

Library of Congress, Washington D.C
Canadian Library of Parliament, Ottawa

10 historische Unibibliotheken in Europa

Old Library, St. John´s College, Cambridge
Wren Library, Trinity College, Cambridge
Queen´s College Library, Oxford
Bodleian Library, Oxford
Codrington Library, All Soul´s College, Oxford
Trinity College, Dublin
Allgemeine Bibliothek, Universität Coimbra, Portugal
Allgemeine Bibliothek, Universität Salamanca
La Sorbonne, Reading Room, Paris
Universitätsbibliothek, Wien

10 Unibibliotheken in Nordamerika

Bapst Library, Boston College, Boston
Beinecke Rare Books & Manuscripts Lib., Yale, New Haven
Fisher Fine Arts Library, University of Pennsylvania
Frederick Ferris Thompson Memorial Library, Vassar College
George Peabody Library, Johns Hopkins Univ, Baltimore
Harper Reading room, University of Chicago
Law Library, University of Michigan, Ann Arbor
North Reading Room, Doe Library, U. California, Berkeley
Suzzallo Library´s Reading Room, U. of Washington, Seattle
Widener Library, Harvard University, Cambridge

10 moderne Unibibliotheken

Philologische Bibliothek, Freie Universität Berlin
Zentralbibliothek TU Delft
Pontifikal Lateran Universität, Rom
Bibliothek Universität Warschau
Sir Duncan Rice Library, University of Aberdeen
Library, University of Warwick
Library of Mushashino Art University (Japan)
Yonsei University Library (Südkorea)
The Loop, Blackpool and Fylde College (Blackpool)
Rika Mansueto Library, University of Chicago

10 Städtische öffentliche Bibliotheken-Europa

Öffentliche Bücherei, Stuttgart
Stadt- und Landesbibliothek Dortmund
Bibliothek Luckenwalde (Bahnhof), Luckenwalde
Bücherei im Bahnhof Veitshöchheim
Öffentliche Bibliothek Stockholm
Openbare Bibliotheek, Amsterdam
Bristol Central Library
Idea Store Whitechapel, London
Vennesla Bibliothek und Kulturzentrum (Norwegen)
Boekenberg, Spijkenisse (bei Rotterdam, Niederlande)

10 Städtische/ öffentliche Bibliotheken- Nordamerika

New York Public Libray, New York
Los Angeles Central Library
Kansas City Public Library
Boston Public Library
Carnegie Free Libray of Braddock
Carnegie Librarie Avondale, Cincinnati
Carnegie Library, Grass valley
Chicago Public Library
Central Library Seattle
Central Library Vancouver

10 städtische/öffentliche Bibliotheken- andere Kontinente

Kanazawa Unimirai Bibliothek (Japan)
Sendai Mediatheque (Japan)
Bücherei von Villanueva (Kolumbien)
José Vasconcelos Bücherei, Mexiko-Stadt
Parque Biblioteca Espana, Medellin
Öffentliche Bibliothek von Lima, Peru
Virgilio Barco Bibliothek, Bogota
Victoria State Library, Sydney
State Library of New South Wales, Melbourne
State Library of South Australia, Adelaide

9. Die 100 schönsten Buchläden Europas

Hier sind die nach der (subjektiven) Ansicht des Autors 100 schönsten Buchläden Europas aufgeführt. Die Liste soll dazu anregen, schöne Buchläden, auch außerhalb dieser Liste, zu entdecken und zu besuchen, gerade in Zeiten eines Umbruchs des Buchhandels. Wer weiß, wie lange es manche dieser Läden noch geben wird?

---

10 schöne/wichtige Buchläden außerhalb Europas

El Ateneo Gran Splendid, Buenos Aires
El Ateneo Florida, Buenos Aires
El Pendulo Polanco, Mexico City
The Strand, New York
Rizzoli, New York
Housing Works Bookstore Cafe, New York
City Lights, San Francisco
Secret Headquarters, Los Angeles
Shibuya Bookshop, Tokio
Book and Bed, Tokio

Die 30 schönsten Buchläden Deutschlands

Allgemeines Sortiment, Literatur und Antiquariat
- **Antiquariat im Honnes**, Velbert-Langenberg
- **Böttger**, Bonn
- **Buch 2000**, Alsfeld
- **Connewitzer Verlagsbuchhandlung**, Leipzig
- **Felix Jud**, Hamburg
- **Friedrich Schaumburg**, Stade
- **Gebecke Buchhand. u. Antiquariat**, Quedlinburg
- **Hacker& Presting**, Berlin
- **Hatry,** Heidelberg
- **Korn&Berg,** Nürnberg
- **Proust Wörter und Töne**, Essen
- **Ludwig Presse und Buch**, Leipzig Hbf
- **Müller&Böhm Literaturhandlung**, Düsseldorf
- **Markus,** Gütersloh
- **Taube**, Marbach am Neckar
- **Zum Wetzstein**, Freiburg

Buchkaufhäuser, Filialisten
- **Mayersche Droste**, Düsseldorf (Königsallee)
- **Reuffel**, Koblenz
- **Thalia Metropol,** Bonn
- **Thalia Buchhaus Campe**, Nürnberg

Fachbuchläden
- **Bücherbogen am Savignyplatz**, Berlin
- **Collectio Navalis**, Berlin
- **Geobuch**, München
- **Dr. Götze Land &Karte**, Hamburg
- **Sautter und Lackmann**, Hamburg
- **Soda,** München
- **Taschen,** Berlin (Friedrichstr.)
- **Walther König an der Museumsinsel**, Berlin
- **Walther König Residenzschloss**, Dresden
- **Walther König, Köln** (Ehrenstr.)

Die 70 schönsten Buchläden des übrigen Europas
Schweiz
Zürich: **Altstadt Antiquariat Schnellmann, Beer, Calligramme, Travel Bookshop; Librium,** Baden, **Stauffacher,** Bern, **Zytglogge,** Bern
Österreich
Wien: **Aichinger, Antiquariat Burgverlag, Antiquariat Nebehay, Erlesenes, Eckart Haymon,** Innsbruck, **Höllrigl,** Salzburg **Michael Neudorfer,** Vöcklabruck
Niederlande
Amsterdam: **American Book Company, Mendo, Pied à terre; Atheneum, Dominicanen,** Maastricht **Stanley&Livingstone,** Den Haag **De Slegte,** Utrecht
Belgien
Brüssel: **Tropismes, Cook&Book, Brüsel Comics, Filigranes; De Reyghere,** Brügge, **Molière,** Charleroi **Mekaniek Strip,** Antwerpen
Frankreich
Paris: **Shakespeare&Company, Jousseaume, Galignani; Geothèque,** Nantes, **Kleber,** Straßburg, **Bal des Ardents,** Lyon, **Mollat,** Bordeaux

Italien
<u>Mailand</u>: **Corso Como,**   **Bocca,**   **Rizzol**i,   **Ambasciatori,** Bologna   **Acqua Alta,** Venedig   **All Arco,** Reggio Emilia   <u>Rom</u>: **Arion**
Spanien und Portugal
<u>Madrid</u>: **Desnivel, Libreria Multicolor**   **Altair,** Barcelona   <u>Lissabon</u>: **Bertrand, Ler Devargar**   **Lello,** Porto
Großbritanniens
<u>London</u>: **Stanfords, Hatchards, Daunt Books** (Marylebone)   **Waterstones,** Bradford**, Waterstones,** Birmingham   **Barter Books,** Alnwick, **Richard Booth,** Hay on Wye
Osteuropa
Alexandra, Budapest**, Libri,** Budapest   **Massolit,** Krakau**, Tarabuk,** Warschau   **Dom Knigi,** St. Petersburg   **The Globe,** Prag   **Lukabuka**, Riga
Übriges Europa
Akateminen Kirjakaupa (Academic Bokshop), Helsinki   **Tranquebar,** Kopenhagen   **Hamrelius,** Malmö   **Tronsmo,** Oslo   **Atlantis Books,** Oia (Griechenland)   **Eleftheroudakis,** Athen   **The Winding Stair,** Dublin

10. Schriftstellergräber

Bertolt Brechts Grab auf dem Dorotheenstädtischen Friedhof in Berlin-Mitte.

Douglas Adams-Grab Highgate Cemetery, London

Deutschland

Berlin	
Dorotheenstädtischer Friedhof Berlin-Mitte	Thomas Brasch, Bertolt Brecht, Heinrich Mann, Stephan Hermlin, Wolfgang Herrndorf, Anna Seghers, Christa Wolf, Arnold Zweig
Friedhof Heerstraße, Westend	Reinhard Baumgart Paul Cassirer Joachim Ringelnatz
Waldfriedhof Dahlem	Gottfried Benn
Am Kleinen Wannsee	Heinrich von Kleist
Frankfurt	
Hauptfriedhof	Theodor W. Adorno Heinrich Hoffmann Ricarda Huch Arthur Schopenhauer
Hamburg	
Hauptfriedhof Ohlsdorf	Wolfgang Borchert Heinz Erhardt
Kirchhof Christianskirche (Ottensen)	Friedrich Gottlieb Klopstock
Christusk. Kirchhof Wandsbek	Matthias Claudius
München	
Bogenhausener Friedhof	Oskar Maria Graf Erich Kästner Anette Kolb
Waldfriedhof	Michael Ende
Bayreuth	
Friedhof	Jean Paul
Braunschweig	
Hauptfriedhof	Wilhelm Raabe
Magnifriedhof	Gotthold Ephraim Lessing Friedrich Gerstäcker

Göttingen	
Bartholomäusfriedhof	Georg Christoph Lichtenberg
Köln	
Melatenfriedhof	Irmgard Keun
Tübingen	
Stadtfriedhof	Friedrich Hölderlin
	Ludwig Uhland, Walter Jens
Weimar	
Historischer Friedhof,	Johann Wolfgang von Goethe,
Fürstengruft	Friedrich Schiller
Würzburg	
Kollegiatstift Neumünster	Walther von der Vogelweide

Kleinere Orte	
Bornheim Friedh. Merten	Heinrich Böll
Carwitz, Friedhof	Hans Fallada
Kloster (Insel Hiddensee)	Gerhart Hauptmann
Meersburg, Städt. Friedhof	Anette von Droste-Hülshoff
Nartum (Niedersachsen)	Walter Kempowski
Oberstdorf, Waldfriedhof	Gertrud von Le Fort
Röcken, Sachsen, Friedh.	Friedrich Nietzsche
Rottach-Egern, Friedhof	Ludwig Ganghofer
Seesen bei Goslar, Friedhof Mechtshausen	Wilhelm Busch

Österreich

Wien, Grinzinger Friedhof	Heimito von Doderer, Thomas Bernhard
Mühlau bei Innsbruck	Georg Trakl
Klagenfurt, Friedhof Annabichl	Ingeborg Bachmann

127

Schweiz

Zürich Friedhof Fluntern	James Joyce, Elias Canetti
Zürich, Jüdischer Friedhof Oberer Friesenberg	Mascha Kaleko
Kilchberg bei Zürich	Thomas Mann, Erika Mann, Golo Mann, Conrad Ferdinand Meyer
Clarens	Vladimir Nabokov
Gentilino (Tessin), Sant'Abbondio	Hermann Hesse
Raron (Wallis)	Rainer Maria Rilke
Saas Fee	Carl Zuckmayer

Italien

Ravenna, Museo Dantesco	Dante Aligheri

Frankreich

Paris	
Cimetière Montmartre	Heinrich Heine, Emile Zola
Cimetière Montparnasse	Charles Baudelaire Samuel Beckett Eugène Ionescu, Guy de Maupassant, Jean-Paul Sartre
Panthéon	Voltaire Jean-Jacques Rousseau
Père Lachaise	Honoré de Balzac, George Perec Marcel Proust, Molière Gertrude Stein, Oscar Wilde

Großbritannien

Ayot, Saint Lawrence	George Bernard Shaw
London, Westminster Abbey	Charles Dickens, Geoffrey Chaucer, Rudyard Kipling
London, Highgate Cemetery	Karl Marx Douglas Adams, George Eliot
Oxford, Wolvercote Cemetery	J.R.R. Tolkien
Stratford upon Avon, Holy Trinity Church	Shakespeare
Sutton Courtenay, All Saints' Churchyard	George Orwell

Irland

Dublin, St, Patrick's Church	Jonathan Swift

Russland

Moskau, Nowodewitschi-Friedhof	Nokolaj Gogol Anton Tschechow
St. Petersburg, Alexander-Newski-Kloster	Fjodor Dostojewski
Jasnaia Poljana	Leo Tolstoi
Pskow	Alexander Puschkin

Andere Länder

Stockholm, Norrabegravnisplatsen	August Strindberg Nelly Sachs, Peter Weiss
Prag, Neuer Jüdischer Friedhof, Strasnice	Franz Kafka
Krakau, Wawel Kathedrale	Adam Mickiewicz
Madrid, Kloster der barfüßigen Trinitiarierinnen	Miguel de Cervantes
New York, Woodlawn Cemetery	Hermann Melville

Anhang

Die Liste der Literaturnobelpreisträger

Ja, das wissen wir, dass den Nobelpreis immer zweitrangige Autoren bekommen. Hat ihn Strindberg bekommen? Nein, Selma Lagerlöf. Hat ihn Brecht bekommen? Nein, Hermann Hesse. Also die in Stockholm lieben die nicht so hervorragende Ware.

Marcel Reich-Ranicki (1920-2013)

Der Literaturnobelpreis wird seit 1901 vergeben. Die Bekanntgabe erfolgt jährlich im Oktober, die Preisübergabe im Dezember in Stockholm.

Zehn Deutsche haben bisher den Literaturnobelpreis bekommen: Theodor Mommsen (1902), Rudolf Eucken (1908), Paul Heyse (1910), Gerhard Hauptmann (1912), Thomas Mann (1929), Hermann Hesse (1946), Nelly Sachs (1966), Heinrich Böll (1972), Günter Grass (1999), Herta Müller (2009). Herta Müller ist in Rumänien geboren, schreibt aber in Deutsch. Hermann Hesse, in Calw im Schwarzwald geboren, wird aufgrund seiner langen Jahre in der Schweiz auch zu den Schweizer Nobelpreisträgern gerechnet. Theodor Mommsen war eigentlich ein Historiker und kein Schriftsteller. Er bekam den Preis für die *Römische Geschichte*, ein Sachbuch. Der Ostfriese Rudolf Eucken war ebenfalls eigentlich kein Schriftsteller, sondern Philosoph. Den Nobelpreis hat er dennoch bekommen.

Jahre, in denen der Literaturnobelpreis nicht vergeben wurde: 1914, 1918, 1940, 1941, 1942, 1943 (kriegsbedingt), 2018 (Krise in der Schwedischen Akademie).

Liste der Literaturnobelpreisträger

1901	Sully Prudhomme	Frankreich
1902	Theodor Mommsen	Deutschland
1903	Bjoernstjerne Bjoernsen	Norwegen
1904	Frédéric Mistral	Frankreich
1904	José Echegaray	Spanien
1905	Henryk Sinkiewicz	Polen
1906	Giosué Carducci	Italien
1907	Rudyard Kipling	GB
1908	Rudolf Eucken	Deutschland
1909	Selma Lagerlöf	Schweden
1910	Paul Heyse	Deutschland
1911	Maurice Maeterlinck	Belgien
1912	Gerhard Hauptmann	Deutschland
1913	Rabindranath Tagore	Indien
1915	Romain Rollande	Frankreich
1916	Verner von Heidenstam	Schweden
1917	Karl Gjellerup	Dänemark
1917	Henrik Pontoppidan	Dänemark
1919	Carl Spitteler	Schweiz
1920	Knut Hamsun	Norwegen
1921	Anatole France	Frankreich
1922	Jacinto Benavente	Italien
1923	William Butler Yeats	Irland
1924	Wladyslaw Reymont	Polen
1925	George Bernhard Shaw	Irland
1926	Grazia Deledda	Italien
1927	Henri Bergson	Frankreich
1928	Sigrid Undset	Norwegen
1929	Thomas Mann	Deutschland
1930	Sinclair Lewis	USA
1931	Erik Axel Karlfeldt	Schweden
1932	John Galsworthy	GB
1933	Iwan Bunin	Russland
1934	Luigi Pirandello	Italien
1936	Eugene O´Neill	USA
1937	Roger Martin du Gard	Frankreich
1938	Pearl S. Buck	USA

1939	Frans Emil Silanpää	Finnland
1944	Johannes Vilhelm Jensen	Dänemark
1945	Gabriela Mistral	Chile
1946	Hermann Hesse	D/Schweiz
1947	André Gide	Frankreich
1948	Thomas Stearns Elliot	USA
1949	William Faulkner	USA
1950	Bertrand Russell	UK
1951	Pär Lageqvist	Schweden
1952	Francois Mauriac	Frankreich
1953	Winston Churchill	GB
1954	Ernest Hemingway	USA
1955	Haldor Laxness	Island
1956	Juan Ramon Jimenez	Spanien
1957	Albert Camus	Frankreich
1958	Boris Pasternak	Russland
1959	Salvatore Quasiodo	Italien
1960	Sain-John Perse	Frankreich
1961	Ivo Andric	Jugoslawien
1962	John Steinbeck	USA
1963	Giorgos Seferis	Griechenland
1964	Jean-Paul Sartre	Frankreich
1965	Michail Scholochow	Russland
1966	Samuel Agnon	Israel
1966	Nelly Sachs	D/Schweden
1967	Miguel Angel Asturias	Guatemala
1968	Yasunari Kawabata	Japan
1969	Samuel Beckett	Irland
1970	Alexander Solschenizyn	Russland
1971	Pablo Neruda	Chile
1972	Heinrich Böll	Deutschland
1973	Patrick White	Australien
1974	Eyvind Johnson	Schweden
1974	Harry Martinson	Schweden
1975	Eugenio Montale	Italien
1976	Saul Bellow	USA
1977	Vicente Aleixandre	Spanien
1978	Isaac Bashevis Singer	USA
1979	Odysseas Elytis	Griechenland

1980	Czeslaw Milosz	Polen
1981	Elias Canetti	Bulg./GB
1982	Gabriel Garcia Marquez	Kolumbien
1983	William Golding	GB
1984	Jaroslav Seifert	Tschechische Rep.
1985	Claude Simon	Frankreich
1986	Wole Soyinka	Nigeria
1987	Joseph Brodsky	USA
1988	Nagib Mahfuz	Ägypten
1989	Camilo José Cela	Spanien
1990	Octavio Paz	Mexiko
1991	Nadine Gordimer	Südafrika
1992	Derek Walcott	St. Lucia
1993	Toni Morrison	USA
1994	Kenzabure Oe	Japan
1995	Seamus Heaney	Irland
1996	Wislawa Szymborska	Polen
1997	Dario Fo	Italien
1998	José Saramago	Portugal
1999	Günter Grass	Deutschland
2000	Gao Xingjan	China
2001	V.S. Naipaul	Trinidad/GB
2002	Imre Kertesz	Ungarn
2003	J.M. Coetzee	Südafrika
2004	Elfriede Jelinek	Österreich
2005	Harold Pinter	GB
2006	Orhan Pamuk	Türkei
2007	Doris Lessing	GB
2008	Jean-Marie G. Le Clézio	Frankreich
2009	Herta Müller	Rumänien/D
2010	Mario Vargas Llosa	Peru
2011	Tomas Tranströmer	Schweden
2012	Mo Yan	China
2013	Alice Munro	Kanada
2014	Patrick Modiano	Frankreich
2015	Swetlana Alexijewitsch	Weißrussland
2016	Bob Dylan	USA
2017	Kazuo Ishiguro	GB/USA
2018/19	Peter Handke, Olga Tokarczuk	AT, PL

Literatur

Brigitte Beier, Matthias Herkt, Bernd Pollmann (Redaktion)
Harenberg Lexikon der Sprichwörter und Zitate
Dortmund 2002

Joachim Kaiser (Hrsg.)
Harenberg, Das Buch der 1000 Bücher
Dortmund 2002

Emma Beare, Joanna Smith (Hrsg.)
501 Must read books
London 2006

Peter Boxall (Hrsg.)
1001 Books you must read before you die
London 2008

Jen Campbell
Weird things customers say in bookshops
London 2012

Günther Drosdowski (Hrsg.)
Duden Zitate und Aussprüche
Mannheim 1993

Edwin Moore (Hrsg.)
Collins Quotations
Glasgow 2002

Matthias Ohnsmann
Reich-Ranicki - Seine Sprüche, seine Verrisse, seine Weisheiten
Hamburg 2002

Geoff Tibballs
The Mammoth Book of Comic quotes
London 2004

Webseiten

Wer ist der Goethe deines Landes?

http://iundervisning.dk/Tysk/Hjemmesider/Juma.de/2000/j2_00/goethe.htm

BBC America: What the British say and what they really mean

http://www.bbcamerica.com/anglophenia/2012/01/what-the-british-say-and-what-they-really-mean/

Villanova University, (ironische) Tipps für gutes Englisch

http://www19.homepage.villanova.edu/karyn.hollis/prof_academic/Courses/common_files/jokes_about_writing.htm

Bookshop jokes

http://www.carlfrench.co.uk/carlfrench/fun/

Umblaetterer-Liste der 100-Seiten-Bücher

http://www.umblaetterer.de/100-seiten/

Umblaetterer - Vossianische Antonomasien

https://www.umblaetterer.de/category/vossianische-antonomasie/

Zitate

www.zitate.de
www.zitate-online.de
https://de.wikiquote.org

Anekdoten

www.anecdotage.com

Weitere Bücher von Richard Deiß

Siehe www.bod.de

Kaufhaus der Worte
222 Buchläden, welche man kennen sollte
Norderstedt 2014

Erdkunde ist König
111 Reisebuchhandlungen, welche man kennen sollte
Norderstedt 2019

Elbflorenz und Spreeathen
555 Städtebeinamen und Stadtklischees von Blechbudenhausen
bis Schlicktown
Books on Demand, Norderstedt 2019

Kühlschrankmagnet zu Ivo Andric *Brücke über die Drina*

136